JN074717

租税争訟からみる 消費税の 判断ポイント

<附録>消費税関連の裁判例・裁決例一覧

税理士
杉村 博司 著

税務研究会出版局

はしがき

　平成元年に消費税が税率３％で導入され，税率の引上げ（５％，８％）を経て，30年を経た令和元年10月に10％（軽減税率８％）の税率となり，我が国の社会保障制度を支える主要な税となっています。そして，令和５年10月からは，的確な転嫁が図れる消費税の仕組みとして，いわゆるインボイス制度が導入されることとなります。

　筆者が昭和53年に国税職員として採用された後の配属は，税務署の現在では部署のない間税部門で，消費税の導入に伴って廃止された物品税，入場税，トランプ類税，砂糖消費税や現存する酒税，揮発油税など，消費課税の税に対する管理，調査などを担当する部門でした。宝石や敷物などの小売段階で課税される第一種物品及び自動車や家電製品などの製造場移出段階で課税される第二種物品など単段階課税の消費税である物品税の調査などを担当していました。原則として贅沢品や嗜好品を課税対象としていたものの，課税対象となるか否かの問題も多々あり，不公平感の潜在する税でした。筆者が担当した業者からの照会に，時計付きのシャープペンがあり，課税対象となる時計か，課税対象でない文房具かで判断が二転三転した記憶があります。

　そして，筆者は，税務署勤務の傍ら夜間大学で財政学を学び，財政学ゼミでは，ドイツ付加価値税（VAT）の制度内容や導入経緯などを研究し，当時，我が国政府は，一般消費税や売上税の導入を試みるも挫折していた状況でもあり，ドイツをはじめヨーロッパ諸国における付加価値税の歴史から，我が国における消費税導入のためには，所得税，法人税の大幅な減税と，導入段階では国民感情を和らげる適用範囲の限定と事務負担の軽減が必要ではないかとも論述していました。

　その後，竹下内閣において，消費税導入が決定し，免税事業者を課税

売上高3,000万円以下とすることによって，個人事業者の9割弱，法人でも中小事業者など4割弱が免税事業者となるとともに，売上税の導入論議で特に抵抗の大きかったインボイス制度について，事業者が従来から使用する帳簿又は請求書等の保存といった弾力的な制度とするなど，大幅な緩和，事務軽減策を講じて導入されたもので，ヨーロッパ諸国の付加価値税とは程遠い制度での出発でありました。

　筆者は，消費税導入直後の平成2年，消費税の申告・納税が開始される段階で，大阪国税局の消費税課に配属され，消費税導入のための運営に携わりました。そして，平成3年の消費税導入に伴う機構改革において，法人課税課に転課となり，法人課税課で消費税の運営や税務署の指導などを担当するため新たに設置された係に配置され，その後5年間，新たな税である消費税の円滑な定着，実施を図るための事務に取り組みました。将来は国家財政を担う主要な税になるであろうことを念頭に，3％と低い税率の導入時においてこそ，納税者の適切な申告と納税が適確に実施できる，将来を見据えた体制づくりに奔走しておりました。

　その後，消費税の調査を主に担当する税務署の消費税主担部門や大阪国税局消費税課の係長，法人課税課の専門官，消費税課の課長補佐として，その時々に消費税に関わり，そして，平成20年に熊本国税局の国税訟務官に任命されて以後，平成23年から大阪地方裁判所の裁判所調査官，平成25年から国税不服審判所の国税審判官，平成28年から大阪国税局の主任国税訟務官として，合計9年間にわたり租税に関する争訟関係の仕事を担当し，特に消費税に関する多くの裁判や審査請求の事件に携わりました。

　そして，令和元年，消費税率が10％となり，軽減税率が導入された年に，税務署長として説明会の開催実施等に携わった後の令和2年7月をもって，約42年間の国税勤務を終えたのであり，筆者は，まさに国税組

織での約42年間，消費税と深くかかわり，消費税の適正な申告と納税の定着に一意専心してきたと言っても過言ではないと思っております。

　消費税導入後約35年が経過し，幾度もの改正を経るとともに，近年における経済社会の多様化，複雑化等により，消費税の課税関係について判断の難しい取引も発生し，国税当局と納税者による争訟事件となるケースも多くなっております。更に，令和5年10月から導入されるインボイス制度によっても，その取引における消費税の課税関係の明白化を要する場面も多くなってくると思われます。

　この書籍は，筆者が，国税勤務での消費税の執行や裁判等の争訟事件における実務経験を踏まえ，消費税法の制度趣旨等に基づいて，課税かどうかの分岐点となる判断ポイントについて，裁判例等に基づき分かりやすく解説したものであり，税理士，弁護士，公認会計士及び実務に携わる企業の経理担当者や法務担当者の皆様方のお役に立てればと思っております。

　また，巻末に附録として，消費税に関する主要な裁判例と裁決例約300件を網羅した「消費税関連の裁判例・裁決例一覧」を登載し，争点項目別に各裁判例等の内容が分かる「要点・検索用語」を掲げておりますので，関連する裁判例等の検索等にご活用いただければと思っております。

　なお，本書は，判決又は裁決要旨を除き，本文中の意見にわたる部分につきましては，筆者の個人的見解であることをお断りしておきます。

　また，本書の出版に当たっては，株式会社税務研究会出版局の加藤ルミ子氏に大変お世話になり，ここに感謝を申し上げる次第です。

令和4年5月

税理士　杉村　博司

目　　次

第1　消費税の課税対象……（1）

第8　簡易課税制度……(169)

第9　申告・納付・還付及び届出等……(197)

凡　例

本書で使用している法令等の略称は原則として下記の通り。

【使用例】消費税法第4条第3項第2号→消法4③二

（法令等）

消法………消費税法

通則法……国税通則法

措法………租税特別措置法

平27改正法附則…平成27年3月31日法律第9号附則

平28改正法附則…平成28年3月31日法律第15号附則

消令………消費税法施行令

消規………消費税法施行規則

消基通……消費税法基本通達

所基通……所得税基本通達

＊本書は，原則として令和4年1月1日現在の法令等に基づいている。

　なお，文中意見にわたる部分は執筆者の私見である。

第1

消費税の課税対象

　消費税の課税対象となる取引は，次の２つです。

イ　事業者が国内において行う資産の譲渡，資産の貸付け及び役務の提供（資産の譲渡，資産の貸付け及び役務の提供を「資産の譲渡等」と規定しています。消法２①八《定義》）並びに特定仕入れ（いわゆる国内取引）

ロ　保税地域から引き取られる外国貨物（いわゆる輸入貨物）

　これは，消費税が内国消費税であり，国内で消費される財貨やサービスに対して負担を求めることとしているためです。このため国外で行われる取引は，課税の対象にはならない取引（いわゆる不課税取引）ということになります。

　ただし，国内で行われる取引であっても，資産の譲渡等に当たらない取引や個人が行う家計に属する取引も不課税取引となります。

　そこで，その取引が，消費税の課税対象となる取引であるかどうかについては，次の①～⑤のそれぞれについて判断する必要があります。

①　国内において行った取引であること

②　事業者が事業として行った取引であること

③　対価を得て行った取引であること

④　資産の譲渡，資産の貸付け及び役務の提供であること

⑤　特定資産の譲渡等に該当しないこと

　以下，それぞれの判断ポイントについて，判例等に基づいて解説します。

---

(1)　国内において行った取引であるかどうかの判断ポイント

イ　資産の譲渡又は貸付け

事例1　国内の港に停泊中の外国船舶において，その船舶の乗務員に対する土産物等の販売等は，国内において行われたものであると判断された事例

〔大阪地裁令和元年5月24日判決，大阪高裁令和元年11月29日判決（上告等）〕

大阪地裁判決要旨

　原告が資産の譲渡たる本件船内販売等（船内販売及びあらかじめ乗組員から注文を受けた船用物品を外国船舶内に持参し，引き渡すという事前注文販売）を行った時点においては，資産の譲渡の対象たる土産品等及び船用物品は，本邦内の港湾に停泊中の外国船舶内に所在していたと認められるところ，本邦内の港湾に停泊中の外国船舶内につき法を含む租税法の効力の及ぶ場所的範囲から除外する旨を明文で規定した条約，法令等は見当たらないから，本件船内販売等は，消費税法2条1項にいう「国内」において行われたものに該当するというべきである。

解　説

　この事例は，日本国内の港湾に停泊中の外国船舶の乗組員に対して行った，その船舶内において，土産物及び船舶内で使用する電化製品等の販売が，消費税法7条（輸出免税等）1項の輸出免税の規定に定める「本邦からの輸出として行われる資産の譲渡」に該当して消費税が免除されるかどうかが争われた事件です。

　大阪地裁は，日本国内の港に停泊する外国船舶内において，その乗組員に土産物や船内で使用又は消費する物品の譲渡が，国内において行われた資産の譲渡にとどまるもの（課税の対象）か，国外への輸出となる

資産の譲渡（輸出免税）に該当するかについて，条約等で除外していない限りは，その後外国に向け出港する外国船舶内であっても国内取引に該当すると判断しました。

　ここで，消費税法における基本的な規定をみますと，資産の譲渡又は資産の貸付けについての国内において行われた取引であるかどうか（内外判定）は，原則として，その譲渡又は貸付けが行われた時において，その資産が所在していた場所が国内かどうかにより判定することとなります（消法4③一《課税の対象》）。したがって，国外に所在する資産について譲渡又は貸付けを行った場合には，国内の事業者間の取引であっても，国外取引に該当し課税の対象とはならない（消基通5-7-10《資産の所在場所が国外である場合の取扱い》）のですが，一方，非居住者である事業者間の取引であっても，国内に所在する資産の譲渡又は貸付けを行った場合には，「国内において行われた取引」に該当して課税の対象となります。

　なお，輸出免税の対象となる取引（輸出免税取引）は，国内において行う課税資産の譲渡等のうち，本邦からの輸出として行われる資産の譲渡又は貸付け（消法7①一《輸出免税等》）等であることから，資産の譲渡においては，国内に所在する資産を国外の者へ譲渡することが国内取引に該当し，その資産を譲渡に伴って輸出することで輸出免税の対象となるのですが，資産の貸付けが国内取引に該当するかどうかは，その貸付けの時における貸付資産の所在場所（引渡しの場所）により判定する（消法4③一）ものの，資産の譲渡とは異なり，貸付けという行為が継続する性質のものですから，国内において貸付けのために引き渡された後に，その使用場所を国外とするために国外へ移動した場合（賃貸人の合意を受けたもの）は，異動後の使用場所（国外）により判断する（消基通5-7-12《貸付けに係る資産の所在場所が変わった場合の内外判定》）ことに留意する必要があります。

(注)　国内に所在する資産を国外の使用場所で貸し付けるため，国外へ輸出する場合には，その輸出は，国内において行われる資産の譲渡又は貸付けには該当しないことから，輸出免税の適用はありませんが，みなし輸出免税取引（消法31②《非課税資産の輸出等を行った場合の仕入れに係る消費税額の控除の特例》）として，当該資産のFOB価額を課税売上割合の分母と分子に算入することによって，国内における仕入消費税額の調整が行われることとなります。

　ところで，資産には，船舶や航空機のように所在場所が移動するものや鉱業権，特許権，著作権などのように目に見える形で資産の所在場所が明らかにできないものがあり，その資産の所在場所はどこなのか不明なものについては，必ずしも「その譲渡又は貸付けの時における資産の所在場所によって判定する」という判断基準になじまない面があることから，登録を受けた船舶等や特許権，実用新案権，意匠権，商標権，回路配置利用権若しくは育成権又はこれらの権利の利用権は，これらの権利の登録をした機関の所在地（同一の権利について2以上の国において登録している場合には，これらの権利の譲渡又は貸付けを行う者の住所地）とする旨規定するなど，個別の判断基準が設けられています。

　以上のことから，資産の譲渡に係る国内において行われた取引であるかどうかの判断ポイント（内外判定）は，譲渡する資産が国内に所在するものかどうか（特許権等は個別判断），資産の貸付けは，貸し付ける場所が国内であるかどうかということとなります。

ロ　役務の提供

事例2　国外で行われるカーレースのスポンサー契約に基づいて行われた役務の提供が，国内取引であると判断された事例

〔東京地裁平成22年10月13日判決（確定）〕

判決要旨

1　消費税法施行令6条2項7号の趣旨は，消費税法上の原則的な扱いとしては役務の提供が行われた場所を管轄の基準とするが，個々の役務の提供が国内及び国外にわたって行われる場合には，役務の提供場所の把握が事実上極めて困難であることにかんがみ，国内に事務所等の物理的な存在がある事業者についてのみ課税を行うことで課税上の便宜及び明確化を図ったものと解される。したがって，同号における「国内及び国内以外の地域にわたって行われる役務の提供」とは，役務の提供が国内と国外との間で連続して行われるもののほか，同一の者に対して行われる役務の提供で役務の提供場所が国内及び国外の双方で行われるもののうち，その対価の額が合理的に区分されていないものをいうと解するべきである。

2　各スポンサー契約においては，原告の義務内容として，各レースへの参戦のみならず，ドライバーの管理及びマネジメント業務やドライバー等の肖像権の無償使用の許諾等が明記され，これに対する契約金は総額が記されるにとどまるから，原告が負担した役務の提供はレース参戦に限定されていると評価することは到底できず，ドライバー等の管理及びマネージング業務等にわたるものと解すべきであり，原告が受領する対価が，国内を提供場所とする役務の提供の対価と国外を提供場所とする役務の対価とに合理的に区別できるとも解されない。したがって，原告の役務の提供は，施行令6条2項7号に規定する「国内及び国内以外の地域にわたって行われる役務の提供」に当たる。

3　各スポンサー契約において原告の役務の提供に係る事務所等の所在地（消費税法施行令6条2項7号）が国内にあるか否かにより課税対象該当性の有無が判断され，同号にいう「事務所等」とは，役務の提供

に直接関連する事業活動を行う施設をいうものと解され，その所在地をもって，役務の提供場所に代わる課税対象となるか否かの管轄の基準としている趣旨からすれば，当該役務の提供の管理・支配を行うことを前提とした事務所等がこれに当たると解される。

4　原告が負担した役務の提供はレース参戦に尽きるものではなく，ドライバーの管理及びマネジメント業務，ドライバー等の肖像権の無償使用等にわたるものであるところ，原告は国内に本店事務所，カート事務所及び工場を有する一方，レースについてはアメリカのH社とのレースオペレーション契約に基づいて専ら同社により行われていることから，原告の役務の提供に係る事務所等に当たるのは原告の本店事務所であると認められる。

5　よって，各スポンサー契約において原告が負担する役務の提供であるカーレース参戦等は，国内及び国内以外の地域にわたって行われる役務の提供に当たり，その役務の提供に係る事務所等は，いずれも日本国内に存在すると認められるから，上記役務の提供は，国内において事業者が行った資産の譲渡等に当たり，消費税の課税対象となる。

［解　説］

　この事例は，役務の提供の対価における内外判定の判断について，スポンサー契約に基づく各種役務の提供が国外のみで提供された不課税取引であるかどうかが争われた事件です。

　東京地裁は，カーレースへの参戦及びその企画運営等を行う原告（カーレースチーム）が，スポンサー契約（主に国外レースへの参戦を目的として締結されたもの）に基づき原告が負担した役務の提供は，レース参戦だけでなく，ドライバーの管理やマネジメント業務，ドライバー等の肖像権の無償使用等にもわたるもので，いずれも国外だけでなく国内においても役務の提供が行われるものであり，また，原告が受領する役務の提供の額が国内の役務に対応するものと国内以外の地域の役務の提供に対応するものとに合理的に区分されていないことから，「国内及び国内以外の地域にわたって行われる役務の提供」の対価に該当すると判

断するとともに，その役務の提供は原告の本店事務所等の所在地である
国内で行われたものと判断しました。

　役務の提供については，その資産の所在場所で判断する資産の譲渡や
貸付けとは異なり，様々な方法や場所で多岐にわたって連続するものも
多くあることから，その内外判定は事実認定も含め判断が難しいものも
あります。

　ここで，消費税法における役務の提供の対価における内外判定につい
ての基本的な規定をみますと，原則として，役務の提供についての内外
判定は，その役務の提供が行われた場所により判定し，役務の提供場所
が国内であれば国内取引となります（消法4③二《課税の対象》）。このた
め，非居住者に対する役務の提供であっても，その役務の提供が国内で
行われるものは，国内取引に該当します。

　また，「役務の提供が行われた場所」とは，現実に役務の提供があっ
た場所として具体的な場所を特定できる場合にはその場所をいいます
が，具体的な場所が特定できない場合であっても，役務に係る契約にお
いて明らかにされている役務の提供場所があるときは，その場所が「役
務の提供が行われた場所」となります（消法4③二，消令6《資産の譲渡等
が国内において行われたかどうかの判定》，消基通5-7-15《役務の提供に係る内
外判定》）。

　そして，国際運輸，国際通信等その取引に係る役務の提供が国内及び
国内以外の地域にわたって行われる場合や，国内以外の地域において行
われる技術指導に係る役務の提供の場所については，役務の提供が国内
で行われたものであるかどうかが明らかでないことから，個別の基準に
より判定することになります（消令6②）が，いずれの具体的基準にも
該当しないこととなる場合，つまり役務の提供に係る契約においてその
提供場所が明確にされていない場合で，①役務の提供が国内と国外の間
において連続して行われもの，②同一の者に対して行われる役務の提供

で役務の提供場所が国内と国外の双方で行われるもののうち，その対価
の額が国内対応分と国外対応分とに区分されていないものについては，
その役務の提供を行う者の役務の提供に係る事務所等の所在地が国内で
あるかどうかによって判定することとなります。

(注) 電気通信利用役務の提供（電気通信回線を介して行われる電子書
籍・音楽等の著作物の提供のほか，広告配信など電気通信回線を介し
て行われる役務の提供）については，電気通信利用役務の提供を受け
る者の住所又は居所（現在までに引き続いて1年以上居住する場所）
又は本店若しくは主たる事業所の所在地の場所により判断すること
となります（消法4③ただし書）。

なお，情報の提供及び設計は，情報の提供又は設計を行う者の情報提
供又は設計に係る事務所等の所在により内外判定を行うこととされてい
ましたが，平成27年度税制改正の電気通信利用役務の提供の内外判定の
改正に伴い独自の判断基準は廃止され，電子通信利用役務の提供に該当
するものを除き，役務の提供場所が明らかであればその場所を，明らか
でない場合には，前記の個別の基準（消令6②六）により判定すること
とされています。

以上のとおり，その役務の提供が国内で行われた取引であるかどうか
の判断（電気通信利用役務の提供を除きます。）は，原則として，役務
の提供が国内で行われたかどうかにより判定し，国際運輸などのように
一点に特定できない役務の提供など特定のものについては個別の基準
（消令6②一～五）により判定し，更に，これらの規定によっても判定で
きない場合には，役務の提供を行う者の役務の提供に係る事務所等の所
在地により判定する（消令6②六）ことが判断ポイントとなります。特に
判断の難しいのが，この 事例2 のように国内及び国内にわたって行
われる役務の提供やその提供場所が明らかでない場合であろうと思われ
ます。

ここで，次の 事例3 は，消費税法7条（輸出免税等）の輸出免税に

該当するかどうかが争われた裁判例ですが，前記のとおり輸出免税取引に該当するためには国内取引であることが前提となりますので，具体的な事例に基づいた判断として参考になると思われます。

事例3　**国外旅行会社主催の訪日旅行ツアーについて，国内旅行会社が提供した国内における宿泊や飲食等の手配等が，国内における役務の提供であると判断された事例**

〔東京地裁平成28年2月24日判決（確定）〕

判決要旨

1　原告は，本件取引に基づいて，各種サービス提供機関との間で事前に合意し，各種サービス提供機関は，この合意の内容に沿って，ガイドが引率をすること等により，原告が指定した旅行者に対し，国内における各種サービスを提供していたということができる。また，各当事者間での金員のやりとりについては，旅行者が海外旅行会社B社に対し代金を支払い，B社が原告に対し代金を支払い，原告が各種サービス提供機関に対し代金を支払うというものであったことからすると，原告は，各種サービスの提供の対価を，自ら負担すべきものとして，支払っていたということができる。

2　原告とB社との関係についてみると，企画立案業務は，本件取引に係る申込みの誘因ないし，交渉過程の一部を成すものというべきである。また，原告の手配等に関する業務についてみると，実際の業務は，利用の予約等の手配によって完了するものではなく，旅行者が国内を旅行している間継続するものであって，サービスの進行を管理することを含むものであったということができる。さらに，取引対価の額の請求は，訪日ツアーの終了後にされていたことからすれば，取引対価は，国内旅行部分の全体についての原告による役務の提供の対価であったということができる。

3　以上によれば，本件取引は，原告が，海外旅行会社B社に対し，「本件各種サービス提供機関をして，本件旅行者に対して国内における本件各種サービスを提供させる」という役務を提供することを内容とするものであったと解するのが相当である。

解　説

　この事例は，国外旅行会社（B社）が主催する訪日旅行ツアーについて，国内旅行会社（原告）が行った国内旅行者に対する国内における宿泊や飲食等の手配等のサービス提供が，消費税法7条《輸出免税等》1項1号の輸出免税に該当するかどうかが争われた事件です。

　東京地裁は，国外旅行会社が主催する訪日旅行ツアーについて，当該一連のツアーのうち，国内旅行会社による国内旅行者に対する国内における飲食，宿泊，運送，観光，案内等の各種サービスの提供は，国外旅行会社に対し，当該各種サービスの提供機関として，国内旅行者に対して国内における飲食，宿泊，運送，観光，案内等の各種サービスを提供させるという役務の提供をしたものであり，非居住者である国外旅行会社に対して行われた役務の提供ではありますが，レストランでの飲食やホテルでの宿泊等に関する部分は，国内における飲食，宿泊に該当するといえ，これらは消費税法施行令17条《輸出取引等の範囲》2項7号に該当し，その他は，国内における飲食又は宿泊に類するものであって，かつ，国内において直接消費されて完結するものに該当するということができますから，同号ハに該当し輸出免税に該当しない旨判断しました。

　なお，同様の事例として，東京地裁平成27年3月26日判決及びその控訴審の東京高裁平成28年2月9日判決（最高裁平成29年2月3日上告等棄却）では，国外旅行会社が享受する便益は，国内旅行会社が企画し手配した国内における飲食，宿泊，運送等の旅行素材の組合せを訪日ツアーの催行に際して利用することができることであり，この便益は旅行者が滞在する国内においてでなければ享受できないものですから，上記役務の提供は，消費税法施行令17条2項7号イ及びロに掲げるものに準ずるもので，国内において直接便益を享受するものとして同号ハに該当すると判示しています。

　このような国外及び国内にわたって役務の提供が行われる事例に基づ

いてその取扱いを考えると，例えば，国内旅行会社（X社）が企画する
日本国内の旅行について，タイアップする国外旅行会社（Y社）がY社
の所在する国内（Z国）で顧客を募り，Y社がZ国と日本の間の輸送を
行い，X社が日本国内の旅行（運送，宿泊，飲食及び観光案内等）を行
うものとします。この場合，Y社は顧客から往復の運賃とX社に支払う
国内旅行の代金を受け取り，そのうち日本国内の旅行代金はX社に支払
われることとになりますが，その旅行代金の一部をX社からY社への募
集等斡旋手数料として支払うといった事例については，①Y社が行う顧
客の国際輸送，②X社が国内で顧客に行う旅行役務，③Y社がX社に行
う斡旋役務の提供の各取引に区分することができます。

　ここで，①〜③の各役務の提供における内外判定を考えますと，①
は，国内と国外の間の輸送であり，出発地又は到着地により判定するこ
ととなりますから国内取引（輸出免税取引）に該当し，②は，国内で行
う旅行役務として国内での輸送，宿泊，飲食，観光案内などの包括的な
請負業務に該当することから国内取引に該当します（国内で直接便益の
享受を受けるものですから輸出免税に該当しません。）。そして，③は，
Y社がX社に対して行う顧客の紹介等の役務の提供であり，Y社は日本
国内に支店等を有しない場合には，その役務の提供はZ国で行われたと
して，国外取引に該当すると考えられます。

　以上の事例のとおり，国内及び国外にわたって行われる役務の提供に
ついては，消費税の課税上は全体を一つの取引と見るのではなく，国内
における役務の提供と国内以外における役務の提供に区分して判定する
こととなり，それぞれに係る役務の対価が区分されていない場合には，
合理的に区分して判断しなければならないこととなります。

　ただし，旅行業者が主催する海外パック旅行（手続代行，輸送，宿
泊，観光案内等を包括的に請け負うもの）は，国内から国外への輸送に
ついても，国外における輸送，宿泊，観光案内等と一括して国外取引

（不課税取引）として取り扱うこととされています（消基通7-2-6《旅行業者が主催する海外パック旅行の取扱い》）。

　なお，国内会社から，海外における広告を請け負った場合の役務の提供について，広告の掲載場所が国外であったとしても，その企画，立案を国内で行い，広告の交渉，契約の代行等を国外で行う場合には，国内及び国内以外の地域にわたって行われる役務の提供に該当し，役務の提供を行う者の役務の提供に係る事務所等の所在地により判定することとなり，国内取引に該当（非居住者に対する役務の提供でないことから，輸出免税の対象にもならない。）することとなるので注意すべきです。

(2)　事業者が事業として行った取引であるかどうかの判断ポイント

事例4　所得税法上は「事業」に該当しない建物の賃貸が，消費税法における「事業」に該当すると判断された事例

〔富山地裁平成15年5月21日判決，名古屋高裁平成15年11月26日判決，最高裁平成16年6月10日上告等棄却〕

富山地裁判決要旨

1　消費税は，一般的に，物品やサービスの消費支出に担税力を認めて課される租税をいうものであって，国民に対し，消費支出に現れる経済的な負担能力に応じた負担を求めるものである。

2　消費税法は，徴税技術上，納税義務者を物品の製造者や販売者，役務の提供者等としているものの，その性質は，その相手方である消費者の消費支出に着目したもので，これを提供する事業者の規模そのものは，消費税法が課税を意図する担税力と直ちに結びつくということはできない。しかも，消費税法は，個人事業者を含む小規模事業者につき，課税売上高を基準に免税点制度（消法9①）を設け，これと共に課税事業者選択制度（消法9④）を設けているが，これらの諸制度

　　は，同法が個人事業者を含む事業者をその規模を問うことなく納税義
　　務者として定めていることを前提とするものであるということができ
　　る。
　3　消費税法と所得税法とは，着目する担税力や課税対象を異とするも
　　のであるから，このような性質の異なる両法の規定中に同一文言があ
　　るからといって，直ちに，それを同一に解釈すべきであるということ
　　にはならないのであり，消費税法が，消費に広く負担を求めるという
　　観点から制定されたこと（税制改革法10①）に照らすと，その課税対象
　　を，所得税法上の一課税区分を生じさせるに過ぎない「事業」の範囲
　　における過程の消費について，限定的に定めたものということはでき
　　ない。
　4　消費税法の「事業」の意義内容は，所得税法上の「事業」概念と異
　　なり，その規模を問わず，「反復・継続・独立して行われる」もので
　　あるというべきである。

[解　説]

　この事例は，原告である個人が，代表を務める法人に対する建物（工
場，倉庫及び事務所の3棟）の貸付けは，少額な賃料（月15万円）であ
ったとしても，消費税法上は，事業として行われる資産の貸付けに該当
すると判断した事件です。
　所得税法では，「事業」とは，「自己の危険と計算において利益を得る
ことを目的として継続的に行われる経済活動」と定義することができ，
裁判例では，「営利性・有償性を有し，かつ，反復・継続して営まれる
業務であって，社会通念上事業と認められるもの」とされています。不
動産の貸付けが「事業」として行われているかどうかの判定に当たって
も，社会通念上事業と称する程度の規模であるか，例えば，建物の貸付
けが事業として行われているかどうかの判定（5棟10室等，所基通26-9）
など，一定の規模あるいは収支等を勘案して「事業」に該当するかどう
かを判断する旨の取扱いが定められており，消費税法における事業的規

模についての判断が争われた事件です。

　富山地裁は，消費税法と所得税法とでは，着目する担税力や課税対象を異にするため，両法の規定中に同じ文言があるからといって同一に解釈すべきであるということにはならないと判断し，消費税法の趣旨・目的に照らすと，消費税法上の「事業」の意義は，所得税法上の「事業」の意義とは異なり，その規模を問わず，「反復・継続・独立して行われるもの」というべきであると判示した上で，当該賃貸は，反復・継続・独立して，対価を得て行われた資産の貸付けであるから，消費税法の「事業として行われる資産の譲渡等」に該当すると判断しました。

事例5　税理士が専門学校から受け取る税理士試験講習の講師料が，事業として行われた対価であると判断された事例
〔鹿児島地裁平成23年3月15日判決（確定）〕

判決要旨

1　消費税法は，およそすべての付加価値の移転等に課税するのではなく，課税対象を事業として対価を得て行われる資産の譲渡及び貸付け並びに役務の提供に限定しているが，その趣旨は，各行為が事業として行われない場合には，税負担を対価に含めて転嫁することが類型的に期待できないからであると解される。

2　消費税法の趣旨に鑑みれば，消費税法2条1項8号にいう「事業」とは，反復して継続的に行われるのみならず，物品やサービスの提供者において実質的に消費者に税負担を転嫁し得るようなものを指すというべきである。

3　ある者が対価を得て役務の提供を行った場合には，その事業該当性は，役務が形式上いかなる法律上の原因に基づいて提供されたものであるのか，すなわち，請負や委任に類する契約に基づいて提供されたものであるのか，それとも雇用に類する契約に基づいて提供されたものであるのかということを基準として判断され，それが雇用に類する契約に基づく場合には，事業該当性は否定されることになる。もっと

も，仮に当事者双方がその契約を請負若しくは委任として扱っていた
としても，その取引の実態が，役務の提供者が，受領者の直接的な指
揮命令下において一定時間役務を提供し，対価を得るようなものであ
る場合には，形式的な取扱いのいかんにかかわらず，これを雇用に類
する契約とみるほかなく，いかなる意味でも役務の提供者が役務の受
領者に税負担を転嫁する余地はないから，当該取引は事業として行わ
れたものでないことは明らかである。

4　本件専門学校が，講師料を給与ではなく請負契約に基づく報酬とし
て処理していることは証拠上明らかであるし，原告自身が所得税の確
定申告において，本件講師料を給与所得ではないものとして処理して
いることも明らかである。したがって，本件契約は，当事者間におい
ては請負や委任に類する契約として認識，処理されていたものとい
え，契約当事者の意思を形式的にみる限り，本件契約は請負や委任に
類する契約であると解される。ただし，その取引の実態が，原告が，
本件専門学校の直接的な指揮命令下において一定時間の役務を提供
し，その対価として本件講師料を得るようなものである場合には，当
事者間での形式的な取扱いにかかわらず，本件契約は雇用に類する契
約であるとみるべきである。

5　本件講師業務と講師料の実態から検討すると，①講師料は，一定時
間の役務の提供に対する対価というよりは，準備や指導に要する時間
も含めた1回の講義を単位として支払われる対価というべきである，
②一定のカリキュラムの設定や共通教材の使用は，資格講座という役
務の性質上当然に予定されているのであって，裁量の幅が限定されて
いることから直ちに税額の転嫁可能性が否定されるような直接的な指
揮命令関係が認められるわけではない，③講師側は講師料について交
渉の機会を有していること，講師業務を引き受けるか否かについて，
講師側の選択の自由度が比較的高いと考えられること，有資格者であ
ることは，一定程度講師料の額に反映するといえることから，講師料
に課税した場合に，講師側において，その税額を講師料へ転嫁するこ
とがおよそ期待できないといい得るような事情は認められないという
べきである。

6　したがって，本件講師業務は，請負若しくは委任に類する契約に基
づいて，事業として行われたものであると認めるのが相当である。

[解　説]

　この事例は，資格取得講座を開講する専門学校において，税理士資格受験の講座である財務諸表論の講師として講義を担当した税理士に対する講師料が，雇用又は雇用に類する契約に基づき支給される給与に該当し，消費税法上の「事業として」行われたものに該当せず，課税売上げとなる収入にはならないかどうかが争われた事件です。

　鹿児島地裁は，当該講師業務の内容や講師料の実態から，当該講師料は，いわゆる給与には該当せず，事業として行われた役務の提供の対価に該当すると判断しました。

　一方，次の 事例6 は，業務請負契約に基づき，教育機関等に派遣して行う講義や受験生の家庭での個人指導を行う者に対して支払われた報酬が給与所得に該当するかどうかが争われた事件です。

　東京地裁は，当該講師の業務の従事内容等から，当該講師料は，給与に該当し，課税仕入れに該当しないと判断しました。

事例6　教育機関等の講座等の請負業務，受験生に対する訪問指導等を行う原告が，それらの業務に係る講師又は家庭教師として業務を行う者と業務委託契約を締結し，その契約に基づき支払った金員が，給与等に該当すると判断された事例
〔東京地裁平成25年4月26日判決，東京高裁平成25年10月23日判決，最高裁平成27年7月7日上告等棄却〕

[東京地裁判決要旨]

1　本件各金員は，講義等ないし個人指導の業務に従事した時間数に応じて支払われるものとされているところ，原告と本件講師等との間の契約に係る契約書等を見ても，本件講師等が個別の各顧客の下において上記の業務に従事している期間中において，講義等ないし個別指導の内容の優劣，具体的な成果の程度，あるいは，原告が本件各顧客との間の契約に基づいて受領する金員の額やその支払の有無により，本

件各金員の額やその算定の基礎となる講義等の単価の額が増減するような定めは置かれていない。すなわち，本件講師等は，上記の状況のいかんにかかわらず，原告から，講義等ないし個人指導の業務に従事した時間数に応じて本件各金員の支払を受けることができるものとされている。

2　また，本件塾講師は，教育機関等から業務の遂行及び原告に対する報告をするに当たり通常必要と認められる物を貸与されるとともに，原告から交通費の支払を受けるものとされており，本件家庭教師については，会員がその交通費を負担することとされ，業務遂行に必要なテキストの引渡しも受けることとされている。一方，原告と本件講師等との間の契約を見ても，講師等において，本件各金員の振込手数料及び事務手数料ないし講師証の代金を負担すべきものとされているものの，当該契約に基づく義務を履行するための費用の負担を義務付ける趣旨の定めは見当たらない。これらの点からすれば，本件講師等は，基本的には，その労務の提供に当たって必要な費用を負担する義務を負っていないものというべきである。

4　以上に鑑みれば，本件講師等による労務の提供等は，自己の計算と危険によるものとはいい難いものであって，非独立的なものと評価するのが相当である。

5　原告と本件各顧客との間の契約及び原告と本件講師等との間の契約の各内容に照らせば，少なくとも，本件教育機関等における講義や本件会員の子弟と対面して行う個人指導の際には，基本的には，原告が本件各顧客との間の契約において定めた業務場所や業務時間数に従ってその労務の提供等をすべき義務を負うものというべきであり，また，本件講師等は，上記のような立場にある原告の指定する方法により，原告に対して業務遂行の状況を報告すべき義務を負っているものであって，原告から空間的，時間的な拘束を受けているものということができる。

6　これまで述べた事情を総合すれば，本件各金員は，雇用契約に類する原因に基づき提供された非独立的な労務の対価として給付されたものとして，それに係る所得は，所得税法28条1項所定の給与所得に当たるというべきである。

解　説

　ここで，消費税法における「事業」についての基本的な規定をみます
と，消費税法は，事業者が事業として行う資産の譲渡等を課税対象とし
ており（消法4①《課税の対象》），事業者とは，「個人事業者及び法人」を
（消法2①四《定義》），個人事業者とは「事業を行う個人」を（消法2①
三），「事業として」とは，同種の行為を反復，継続，独立して行うこと
をいい（消基通5-1-1《事業としての意義》），その規模を問わないという
のが基本的な考えであるといえます。したがって，消費税法における
「事業」の概念は， 事例4 の裁判例で判示するように，所得税法上の
「事業」の概念よりも広く，サラリーマンが行う不動産の賃貸であって
も，反復，継続，独立して行われるものである限り，「事業として」行
われるものに該当します。

　また，法人は，事業を行うことを目的として活動するものですから，
全て事業者に該当します。一方，個人においては，主として自己の労務
を提供して行う大工，左官，鳶，石工等の個人事業者の場合は明確な契
約がないことも多く，事業者となるか事業者以外の給与所得者となるか
といった点に疑義が生ずる問題があります。そこで，個人事業者と給与
所得者の区分について，個人事業者とは「事業を行う個人」（消法2①
三）であり，自己の計算において独立して事業を行うことをいいますか
ら，個人が雇用契約又はこれに類する契約に基づき他の者に従属し，か
つ，他の者の計算により行われる事業に役務を提供する行為は，事業に
該当しないこととなります。

　したがって，出来高払いの給与を対価とする役務の提供は給与に該当
せず，一方，請負による報酬を対価とする役務の提供は事業に該当する
こととなり，その判断は，雇用契約又はこれに類する契約に基づくもの
であるかどうかが判断ポイントとなります。

　そして，雇用（雇用契約又はこれに類する契約に基づく役務の提供）

か事業かの区分が明らかでない場合には，例えば，次の点を総合勘案して判断することとされています（消基通1-1-1《個人事業者と給与所得者の区分》）。

① その契約による役務の提供の内容が他人の代替えを容れるかどうか

② 役務の提供に当たり事業者の指揮監督を受けるかどうか

③ まだ引渡しを了していない完成品が不可抗力のため滅失した場合等においても，その個人が権利として既に提供した役務の報酬を請求することができるかどうか

④ 役務の提供に係る材料又は用具等を提供されているかどうか

したがって，個人の役務の提供については，例えば，①他人の代替えが許されること，②事業者の指揮監督を受けないこと，③引渡し未了の物件が不可抗力により滅失した場合等には，既に提供した役務に係る報酬について，請求することができないこと及び④役務の提供に係る材料又は用具等をその個人が持ち込んでいること等の事情がある場合には，その役務の提供は，給与ではなく請負による報酬を対価とする役務の提供に該当し，事業として行われたものと判断することとなります。

以上のとおり，消費税法における，「事業者が事業として行った取引」に該当するかどうかの判断ポイントは，次のとおりとなります。

第一に，法人は全てが事業者（宗教法人であっても事業者に該当します。 事例45 参照。）となりますが，個人については，その規模や対価の多寡にかかわらず，自己の計算において反復，継続，独立して行われる資産の譲渡等であるかどうかであり，反復，継続，独立して行われることの蓋然性が認められるのであれば，規模の大小を問うものではありません（消基通5-1-1《事業としての意義》）。なお，次の 事例7 のように，1回限りの譲渡等であったとしても，反復，継続する意図により行われるものも該当することとなります。

第二に，雇用契約又は雇用に類する契約に基づき支給される給与と認

められるものは該当しないこととなりますが，この給与に該当するかどうかは，所得税法における給与所得における判断基準を原則とし，最高裁昭和56年4月26日第二小法廷判決における一応の基準として「給与所得とは雇傭契約又はこれに類する原因に基づき使用者の指揮命令に服して提供した労務の対価として使用者から受ける給付をいう。なお，給与所得については，とりわけ，給与支給者との関係において何らかの空間的，時間的な拘束を受け，継続的ないし断続的に労務又は役務の提供があり，その対価として支給されるものであるかどうかが重視されなければならない。」と判示されています。

　つまり，判断基準として，①空間的，時間的な拘束，②継続的・断続的に労務提供の対価としての支給，③業務内容についての使用者の指揮命令，④業務遂行の用具等の使用者からの提供，⑤危険負担や費用負担の所在などの考慮すべき要素により総合判断することとされており，消費税法基本通達1−1−1《個人事業者と給与所得者の区分》に同旨の取扱いが示されています。

　ただし，上記判断基準は，あくまでも所得税法上の所得区分の問題としての事業所得か給与所得かの判断基準であって，所得区分上は雑所得となる労務役務の提供対価については，消費税法上の「事業として」に該当するかどうかの消費税法の観点からの判断も必要となる場合もあることに注意すべきです。

　この点，事例5と事例6は，いずれも講師料に係る事例であり，いずれの契約内容も雇用契約としてされたものではなく，業務内容においても，上記判断基準の①空間的，時間的な拘束，②継続性，③指揮命令，④用具貸与及び⑤危険負担や費用負担の観点からは，同様と思われる業務内容です。ただし，事例5は，消費税法上の「事業として」に該当するとの判断であり，一方，事例6は，所得税法上の給与所得に該当し，消費税法上の「事業として」に該当しないと判断されてい

ます。

　ところで **事例5** は，筆者が熊本国税局の国税訟務官として担当した事件であり，訴訟担当を受けた時点においては，専門学校の指揮命令下において指定された場所，時間による役務の提供の対価であれば上記判断基準から一応給与に該当すると考えられたこと，大学や専門学校の非常勤講師の講師料が，通常，上記最高裁の判断基準に基づけば給与所得に該当すると判断されていること，税理士会を原告側とすることなどもあって，国税局内では勝訴困難との意見もありました。

　労働省における労働基準法の「労働者」の判断基準が示された昭和60年12月19日「労働基準法研究報告（労働基準法の「労働者」の判断基準について）」及び平成8年3月「労働基準法研究会労働契約等法制部会（労働者性検討部会専門部会報告）」における芸能関係者の労働者性判断基準を参考として，一般に勤務場所，時間が指定されるなど指揮監督関係（拘束性，指揮命令，用具関与，危険・費用の事業者）を肯定する要素となります。

　しかしながら，業務の性格上当然に指定されるものもあり，その場合には，他の契約内容及び就業実態により総合的に判断するものと解されています。つまり，映画やテレビ番組の撮影の業務（俳優，エキストラ等）では，撮影場所，時間，演技が指定されるといった拘束性，指揮命令は，その業務にとっては当然であるため，業務内容を考慮した判断が必要となります。

　そして，消費税が各取引段階において移転，付与される付加価値に着目して課される付加価値税の性質を有する多段階一般消費税であるとの趣旨・目的から，付加価値の創出，つまり仕入れに係る消費税額を売上げに係る消費税額として転換し得る者（事業者）及び契約内容等であるのかが判断の基礎となるのです。

　例えば，税理士の専門的な知識を得るための書籍の購入は，最終消費

者として消費税を負担するものではなく（税理士業務における課税仕入れとして税額控除される。），税理士自身におけるその知識の習得によって，税理士業務における業務の売上げに転嫁（付加価値を創出）し得るのですから，転嫁し得る者（事業者）が転嫁できる業務の契約を行う限りは，消費税法にいう「事業として」に該当することとなる旨を国側が主張したところ，裁判所は国側主張を全面的に採用した判決となりました。

　では，事例5 と 事例6 の判断の分岐点はどこだったのでしょうか。いずれの事件も個別事例としての事実認定に基づく総合判断によるものではありますが，特掲として異なる点を挙げれば，事例6 では講師料が原則として一定に定められた額であったのに対して，事例5 では，税理士であることとその評判や講義受講者の成績等によって講師料の交渉が可能であったことや講義以外のテストの添削，講義受講者からの相談などを含めた全体の対価を講義回数に基づく講師料と判断できる契約内容であったことであると考えられ，講師料の額に反映し得る（消費税の転換）実態であったといえます。

　このことは，個人が，最終消費者として購入した生活用の資産を譲渡することは，消費税の転嫁を観念するものではない点で，消費税における「事業として」に含まれないと考えることができるのですから，副業として行われる，いわゆる「せどり」等の利ザヤ目的の転売は，少数回，少額であったとしても消費税における「事業として」に含まれることとなるのですが，事例4 でも判示しているように，免税事業者（年間課税売上高1,000万円以下）として消費税の免税取引とされているのです。

　一方，個人の事業者であれば，雑所得に区分される規模のものであったとしても，事業に関連して行われるものは，給与に該当するものを除き，原則として，消費税における「事業として」に含まれることとなることに留意する必要があります。

事例7　約40年間に1度行われた立木の譲渡であっても，事業として
対価を得て行われる資産の譲渡等に該当すると判断された事例

〔平成15年12月17日裁決〕

裁決要旨

　山林の育成には長期間を要するのが通例であることから，山林の伐採
又は譲渡が消費税法2条1項8号の「事業として」に該当するかどうか
は，伐採又は譲渡の反復性，継続性のみにより判断するのではなく，伐
採又は譲渡の準備行為ともいえる山林の育成，管理の度合いも加味して
総合的に判断すべきものと解されるところ，請求人は，森林法11条1項
に規定する森林施業計画を定期的に作成し市町村の長にその認定を求め
ていることなどの事実からすれば，本件立木の譲渡は，森林施業計画に
基づき反復，継続的な育成，管理が行われていたと認めるのが相当であ
る。

解　説

　この事例は，植林後約40年を経て育ったカラマツを伐採・譲渡したこ
とが，消費税法に規定する「事業として」に該当するかどうか，つま
り，譲渡を行うことを予定して育成，管理していた山林を譲渡した場合
に，たとえその者における譲渡が数十年に1回しか行われない場合（請
求人は，植林当初3年程下草刈りをした後，10年後位に1回間伐しただ
けであり，以後27年間程度は何の手入れもしていないなど十分な育成，
管理を行っていないと主張）であっても，反復，継続して行われること
を概念とする「事業」として行う資産の譲渡等に該当するかどうかが争
われた審査請求事件です。

　国税不服審判所は，譲渡自体は1回限りであっても，譲渡までの準備
行為として継続的な育成・管理が行われていたとの事実認定により，当
該立木の譲渡は消費税法2条（定義）1項8号に規定する「事業として」
対価を得て行われる資産の譲渡に該当すると判断しました。

---

(3)　**対価を得て行った取引であるかどうかの判断ポイント**

事例8　建物等の移転補償金は，資産の譲渡の対価に該当しないと判断された事例　〔札幌地裁平成17年11月24日判決（確定）〕

判決要旨

　消費税法2条1項8号（定義）にいう「資産の譲渡」とは，資産につきその同一性を保持しつつ他人に移転することをいい，単に資産が消滅したという場合はこれに含まれないものと解するのが相当であり，消費税法施行令2条2項（資産の譲渡等の範囲）にいう「補償金」とは，収用の目的となった資産の所有権その他の権利を取得する者から，原権利者の権利が収用によって消滅することの対価として支払われる補償金（対価補償金）に限られると解すべきであって，当該資産の移転に要する費用の補てんに充てるために支払われる補償金（移転補償金）はこれに含まれないものと解するのが相当である。

解　説

　この事例は，土地計画事業のために必要な土地として，原告に対して，原告から買い受けた土地に存する建物の移転料及び移転雑費の名目で支払われた補償金が，当該建物の譲渡の対価に該当するかどうかが争われた事件です。

　札幌地裁は，移転の目的とする建物等は消滅していることから，資産の譲渡には該当しない旨及び消費税法施行令2条（資産の譲渡等の範囲）2項において資産の譲渡を行ったものと規定する対価補償金は，収用に基づく補償金について定めた規定である旨判示しました。

　なお，建物の賃貸借契約の合意解除に当たって支払われる立退料についても，次の **事例9** のとおり，この **事例8** と同様に，賃貸権の消滅に対するものであり，資産の譲渡に該当しません。

（**参考**：消費税法施行令2条2項）

　事業者が，土地収用法（昭和26年法律第219号）その他の法律の規定に基づいてその所有権その他の権利を収用され，かつ，当該権利を取得する者から当該権利の消滅に係る補償金を取得した場合には，対価を得て資産の譲渡を行ったものとする。

事例9　建物の賃貸借契約の合意解除に当たって支払われた立退料は，資産の譲渡等に該当しないと判断された事例

〔東京地裁平成9年8月8日判決（確定）〕

判決要旨

1　一般に，建物等の賃借人が賃貸借の目的とされている建物の契約の解除に伴い賃貸人から収受する立退料は，①通常予想される期間まで当該家屋を使用できないことから生ずる損失の補塡，つまり，現在と同程度の住宅等を借りる際の権利金等，従前の敷金等と新たに支払われるべき敷金等との差額，新旧借家の家賃差額の補塡という性格，②営業用家屋については，移転に伴う損失，すなわち，移転期間中の無収入，新しい土地で従来と同程度の顧客を得るまでの損失などの補償という性格，③その他引っ越し費用等の補塡という性格など，補償という性格を有しているが，都市部の建物の賃貸借等では，賃借人に借家権なるものが発生していると観念し，賃貸借を合意解除する際に借家権の対価としての性格を有する金員が立退料という形で支払われる場合がある。

2　消費税法上は「資産の譲渡」についてこれを本来の意味に解し，資産につき同一性を保持しつつ，他人に移転するという事実がない以上，資産の譲渡があったものとはみず，消費税の課税の対象としない取扱いをしているのであり，立退料の支払と引換えに建物を明け渡す取引が行われた場合において，立退料のうちに借家権の対価とみられる部分があるとしても，借家権は合意解除により消滅するものであり，右の場合に附加価値の移転を観念することはできないから，右の取引は消費税法上の「資産の譲渡」とは取り扱われないのである。

解　説

　この事例は，建物の賃貸人であった原告会社が，当該賃貸建物を建て替えするため，賃貸契約の合意解除に際し賃借人に支払った立退料が，消費税法2条《定義》1項8号に規定する「資産の譲渡」に該当するかどうかが争われた事件です。

　東京地裁は，資産の譲渡とは，権利，財産，法律上の地位等を同一性を保持しつつ，他人に移転することをいうもので，単に権利等の資産が消滅する場合はこれに含まれないと解するのが相当であり，建物の賃貸借の合意解除に際しての立退料は，建物の賃借権が終了し消滅したものとみるほかはなく，建物の賃借権が売買されたということはできず，消費税法に規定する「資産の譲渡」として取り扱われないと判断しました。

事例10　賃貸マンションの所有者が，オール電化設備を採用した場合に電力会社から支払を受けた「電化手数料」が，資産の譲渡等の対価に該当しないと判断された事例

〔大阪地裁平成21年11月12日判決（確定）〕

判決要旨

1　消費税法の定めは，本件電化手数料のような金銭の支払を受けた場合に，それが「資産の譲渡等の対価」に当たるというためには，資産の譲渡等（資産の譲渡，貸付け及び役務の提供）の反対給付としてその支払を受けたことが必要であり，それが反対給付に当たらない場合には，消費税の課税対象とはならない。

2　本件電化手数料は，専ら本件マンションにオール電化を採用したことに対する謝礼又は報奨金として授受されたものと認めるのが相当であり，これに加えて，本件各覚書役務の提供の対価としての性質を有しているということはできず，「資産の譲渡等」には当たらないというほかない。

解　説

　この事例は，賃貸マンションの所有者が，電力会社の依頼に基づきオール電化設備を採用（設置）したことに対して支払われた電化手数料が，対価を得て行われる資産の譲渡等に該当するかどうかが争われた事件です。

　大阪地裁は，賃貸マンションの所有者が，オール電化設備を採用（設置）したことは，電力会社の依頼に基づくものではあるが，当該電力会社に対する資産の譲渡等（資産の譲渡，資産の貸付け及び役務の提供）には該当しないことから，当該電化手数料は，資産の譲渡等の反対給付に当たらず，オール電化を採用したことに対する謝礼ないしは報奨金であり，資産の譲渡等の対価に該当しないと判断しました。

事例11　弁護士会が所属する弁護士等から収受した各種負担金等（受任事件負担金，23条照会手数料，各事務委託金及び司法修習委託金）は，対価を得て行われる取引であると判断された事例
〔東京地裁平成25年11月27日判決，東京高裁平成26年6月25日判決，平成27年2月24日上告等棄却〕

東京高裁判決要旨

1　事業者が収受する経済的利益が消費税の課税要件としての資産の譲渡等における「対価」に該当するといえるためには，個別具体的な役務提供があることを条件として経済的利益が収受されるといい得る対応関係があることが必要であるが，それ以上の要件は要求されていないものと解するのが相当である。これを本件受任事件負担金についてみるに，確かに，弁護士会員による事件受任の過程に各センターは直接関与していない。しかし，各センターにおける名簿の作成等や法律相談等の実施という業務の遂行により，弁護士会員が事件受任の機会を得たものということができる。

2　事業者が収受する金銭等が「対価」に当たるためには，それが契約又は合意に基づくものであることまでは必要ではない。また，同様

に，消費税法上の「対価」が，双務契約関係に基づく債権債務としての権利性を有していることを前提とするものということもできない。

　司法修習委託金は，控訴人が司法研修所長から弁護実務修習の委託を受け，各要綱において定められた指導目標，指導方法等に従って司法修習生の指導を行い，その反対給付として，司法研修所事務局長から受領するものであるから，消費税法基本通達5－2－15《補助金，奨励金，助成金等》にいう「助成金等」には当たらないと解するのが相当である。

3　控訴人は，各事務委託金は消費税法基本通達5－5－10《出向先事業者が支出する給与負担金》における出向給与負担金の支払に該当することを根拠に，不課税とされるべきであると主張する。しかし，各事務委託金が出向給与負担金に当たるといえるためには，各事務委託金が出向者に対して支払われる給与の性質を有することが必要であるところ，各事務委託金がかかる性質を有するものと認められないことは，原判決が各事務委託金は，弁護士会がその事務局の職員をもって当たらせた組合及び協会の事務の処理に係る役務の対価として収受されたものと認められると説示するとおりである。

［解　説］

　この事例は，弁護士会が所属する弁護士等から収受した以下の各種負担金等が，対価を得て行われる取引によるものであるかどうかが争われた事件です。

　東京地裁及び東京高裁は共に，いずれも事務処理等の役務提供に対する反対給付の対価として受け取ったものであり，対価を得て行われた取引であると判示しました（なお，同弁護士会を原告等とする大阪地裁平成23年4月28日判決，大阪高裁24年3月16日判決においても同様に判断されています。）。

　なお，各種負担金等の概要は以下のとおりです。

①　受任事件負担金

　法律相談センターから紹介された相談者から事件等を受任した弁

　護士から受ける負担金等

② 　23条照会手数料

　　弁護士法23条に基づく照会の申出を行った弁護士から支払を受ける手数料

③ 　各事務委託金

　　協同組合等からの委託を受けて行った事務等に対して支払を受ける事務委託費及び人件費等相当負担金

④ 　司法修習委託金

　　司法研修所から委託を受けた司法修習生の実務研修に要する経費として支払を受ける委託金

　ここで，消費税法における基本的な規定をみると，「対価を得て行われる」とは，資産の譲渡及び資産の貸付け並びに役務の提供に対して反対給付を受けることをいいます。したがって，無償による資産の譲渡等は課税の対象とはなりませんから，寄附，贈与等のように対価のない無償の取引は原則として，消費税の課税対象とはなりません。

　ただし，消費税法4条《課税の対象》5項，いわゆるみなし譲渡の規定により，①個人事業者が棚卸資産又は棚卸資産以外の資産で事業の用に供していたものを家事のために消費し，又は使用した場合における当該消費又は使用及び②法人が資産をその役員に対して贈与した場合における当該贈与の2つに限っては，資産の譲渡とみなされ，消費税の課税対象となります。

　また，直接金銭の授受を伴わない資産の引渡しであっても，そこに反対給付がある以下のものは，対価を得て行われる資産の譲渡等に類する行為として資産の譲渡等として取り扱われます。

　イ 　代物弁済による資産の譲渡等（消基通5-1-4《代物弁済の意義》）

　ロ 　負担付き贈与による資産の譲渡（消令2①一《資産の譲渡等の範囲》，消基通5-1-5《負担付き贈与の意義》）

　ハ　金銭以外の資産の出資（消令2①二，消基通5-1-6《金銭以外の資産の出資の範囲》）

　ニ　法人課税信託等に係る資産の移転（消令2①三）

　ホ　貸付金その他の金銭債権の譲受けその他の承継（包括承継を除く。）（消令2①四）

　ヘ　不特定かつ多数の者によって直接受信されることを目的とする無線通信の送信で，法律により受信者がその締結を行わなければならないこととされている契約に基づき受信料を徴収して行われるもの（NHK受信料）（消令2①五）

　ト　土地収用法等に基づく所有権その他の権利の収用による補償金の取得（消令2②）

　なお，対価を得て行われる取引である限り，親族や従業員との間の取引であっても課税の対象となり，この際，課税であるか否かの判断において，その取引に営利性の有無は必要とされません（消法2①八，消基通5-1-2《対価を得て行われるの意義》，消基通5-1-10《親族間の取引》）。

　以上のとおり，対価を得て行われた取引であるかどうかの判断ポイントは，資産の譲渡，資産の貸付け及び役務の提供に対する反対給付としての対価であるどうかですが，この反対給付に当たるかどうかの判断が困難な場合があり，「負担金」や「助成金」，「補償金」などには判断に迷うことも多いと思われます。

事例8，事例9，事例10及び事例11を通じた，対価を得て行った取引であるかどうかの判断ポイントについて

　事例8及び事例9は，移転補償金や立退料が資産の譲渡等の対価に該当するかどうかが争われた事件であり，譲渡の目的とする資産の移転がなければ資産の譲渡はないわけで，その移転補償金や立退料も反

対給付としての対価に該当しないことになります。また，消費税法施行令2条2項に規定する土地収用法等に基づく所有権等の収用も本来的には資産の移転はないのですが，強制的な収用についての実態等から，対価を得て資産の譲渡を行ったものとする旨例外的に規定したものであり，同項に規定する土地収用法等に基づくもの以外のものについては，本則どおり，資産の譲渡はないものとなります。つまり，事例8 及び 事例9 では，対価の目的となる資産の譲渡等が存在するのかどうかがまず前提となることを明らかにしています。

　一方，事例10 は，オール電化を採用した賃貸マンションの所有者が電力会社から支払を受ける電化手数料が資産の譲渡等の対価に該当するかどうか，つまり，電力会社の依頼に基づき自己所有のマンションにオール電化を採用（設置）することが役務の提供に該当し，その対価として受けたものであるかどうかか争われた事件です。

　この 事例10 は，各国税局の国税訟務官と国税庁及び法務省の担当者が集まって討議が行われる協議会の課題となった事件で，筆者は熊本国税局の担当国税訟務官として参加したものでした。一見，電力会社の依頼により行ったことに対する金員で，役務提供の対価であるようにみえ，法人税法等の所得課税の面からは役務による所得となる事例でもありました。

　事例10 は，オール電化設備を採用（設置）するという役務の提供に対する反対給付の関係にあるかどうかが争われた事件でした。つまり，賃貸マンションの所有者が，自己の賃貸マンションにオール電化設備を設置することは，電力会社からの依頼によるものであり，将来的に当該賃貸マンションの入居者からの電力販売の増加につながることではあるものの，電力会社に対して何らかの役務を提供したものではなく，電力会社の勧奨を契機に自己において自己資産の設備設置をしたに過ぎないということであり，反対給付に当たらないと判断しました。

このように，対価を得て行われた取引であるかどうかの判断において
は，資産の譲渡，資産の貸付け又は役務の提供を受けた事実が存在し，
その資産の譲渡等を受けた者からのその資産の譲渡等に対する反対給付
としての関係がある場合に該当します。

このことは，例えば，電線等の家屋内への引込工事について，その配
線工事を行う電力会社へ支払ういわゆる配線工事代において，屋外配線
部分（家屋までの配線工事）の工事代金は，屋内への引き込みのため電
力会社への依頼により電力会社自身が自己所有となる屋外配線の工事を
行うことに対する負担金又は補償金的性格のものです。一方，屋内配線
部分（屋内での回線工事）は，依頼者の自宅内の配線工事であって，家
屋所有者からの依頼に基づく電力会社の請負工事となります。したがっ
て，配線工事代のうち，屋外工事部分は消費税法上の対価性はなく課税
対象の取引とはなりませんが，屋内工事部分は，対価性があり課税対象
の取引となります。

次に， 事例11 は，弁護士会がその所属弁護士等から負担金等とし
て支払を受けた金員が，弁護士会からの所属弁護士等に対しての役務の
提供といえる行為を原因とするものかどうか，資産の譲渡等との反対給
付といえる関係であるかどうかが争われた事件です。

この事例は，筆者が大阪国税局法人課税課の専門官であった時に，税
務署における消費税の調査事案として指導した事案であるとともに，大
阪国税不服審判所では，審理部の国税審判官として担当した事件でもあ
りました。法律専門家である弁護士会を相手とする事案であったことか
ら，弁護士会とその会員である弁護士との関係における役務提供の関連
性について慎重に審理して処理を行ったものです。

この 事例11 は，弁護士会が支払を受けた弁護士又は協同組合，司
法研修所との間において，その支払原因となる役務の提供との対応関係
がどの程度又は明確な関係であれば，消費税法にいう反対給付としての

「対価」に該当するかどうかが判断されたものです。

　大阪高裁は，「個別具体的な役務提供があることを条件として経済的利益が収受されるといい得る対応関係があることが必要であるが，それ以上の要件は要求されていないものと解するのが相当である。」及び「事業者が収受する金銭等が『対価』に当たるためには，それが契約又は合意に基づくものであることまでは必要ではない。また，同様に，消費税法上の『対価』が，双務契約関係に基づく債権債務としての権利性を有していることを前提とするものということもできない。」と判示し，消費税法上の「対価」とは，経済的利益を収受する個別具体的な役務提供とその役務提供に対する支払であるとの対応関係があればそれ以上の要件はなく，つまり他人に対する労務，便益，サービスの提供と捉えられるもの一切を含む行為によって経済的利益の収受があり，その反対給付としての支払であれば，契約や依頼等によって行われたものでなくとも，また，その役務提供の程度や明確な対応は関係ないとの判断を示しました。概していえば，経済的利益の享受を受けたことに対するその給付であれば，消費税法上の「対価」に該当するということです。

　この事件において，②23条照会手数料，③各事務委託金及び④司法修習委託金については，弁護士会と所属弁護士又は協同組合等との間の，事務又は研修の委託に基づく対価であることはある程度判断がつくものですが，①の受任事件負担金については，弁護士会が開設，運営する法律相談センターにおいて，相談担当弁護士として担当した法律相談の相談者から事件を受任した場合に，その相談者からの報酬金等のうちの一定額を弁護士会に支払わなければならないものです。控訴人（原告）である弁護士会は，当裁判において，弁護士会は，法律相談センターを開設，運営し，希望した弁護士に法律相談を委託し，その対価として日当を支払う関係であって，法律相談弁護士が相談時に相談者から事件を受任するかどうかは自らの判断で行うもので，弁護士会は何ら関与してお

らず，事件を受任した場合であっても，弁護士会が法律相談弁護士からは何ら役務の提供を受ける関係にはないと主張し，弁護士会が反対給付としての負担金を受ける役務の提供は，一見ないようにも思えるものであり，この点が争点となりました。

　大阪地裁は，この点について，「名簿への登載を希望する弁護士会員が本件各センターに対して照会に応ずるなどして名簿への登載を希望することを明らかにし，それへの登載がされた時点において，原告と当該弁護士会員との間では，本件各センターの業務として法律相談等が行われた後に所定の手続に従い当該弁護士会員が相談者等から事件を受任した場合には，本件各センターに対してその旨等を報告し，一定の金銭を支払わなければならないものとされることについて，相互の了解が存在していることは明らかというべきであり，当該弁護士会員における事件の受任は，本件各センターにおける名簿の作成等や法律相談等の実施といった業務の遂行によるものといえる。以上に述べたような，原告が設置し運営する本件各センターの名簿にその希望に従い登載された弁護士会員に対する本件各センターの既に述べたような各種の役務の提供と，当該弁護士会員の原告に対する本件受任事件負担金の支払との間の本件各規程に基づく関係に照らすと，本件受任事件負担金については，消費税法28条〈課税標準〉1項本文の消費税の課税標準の基礎を成すものに当たると認められる。」と判示し，消費税法上の「対価」とは，経済的利益を収受する個別具体的な役務提供とその役務提供に対する支払であるとの対応関係があればそれ以上の要件はないとの広い概念であることを前提に，法律相談弁護士が法律相談における事件の受任が，弁護士会による法律相談の実施等に係る役務の提供に対応する関係にあり，その反対給付としての負担金であると判断したものです。

　以上のとおり，　事例8 ，　事例9 ，　事例10 及び 事例11 の各裁判での判断からすると，消費税法における「対価を得て行われる取引」

であるかどうかは，①反対給付の対象が資産の譲渡等（資産の譲渡，資産の貸付け又は役務の提供）であること，②その資産の譲渡等が譲渡等の対象者（他人）に対して行われるものであること，③役務の提供については，①と②の対応関係による給付であればそれ以上の要件はないことが判断ポイントとなります。

　なお，上記消費税法における「対価を得て行われる取引」であるかどうかにおける判断ポイントの判定において，次に掲げる **事例12**（船舶の建造に係る保留トン数使用許諾書取引），**事例13**（提携ポイントの交換取引），**事例14**（マンション管理組合の管理費）及び **事例15**（道路設置工事の負担金）が参考になるものと思われます。

⑷　資産の譲渡の対象となる「資産」に該当するかどうかの判断ポイント

事例12　新たな船舶を建造するに当たり取得する留保対象トン数の使用承諾書の取引が，対価を得て行われる資産の譲渡に該当すると判断された事例
〔福岡地裁平成23年7月15日判決，福岡高裁平成24年3月22日判決（確定）〕

福岡地裁判決要旨

1　本件承諾書取引に関与した業者及び船舶の売買の取引業者の間では，承諾書取引の当時，取引の対象となるのは，内航船舶の新船建造の際に必要な権利である留保対象トン数であって，通常はこれを目的として売買契約を締結し，同権利の対価として代金を支払うものと認識され，これに沿う取引が行われており，取得者から第三者への留保対象トン数の転売も行われていた。また，取引の相手方は，本件承諾書取引による収入を課税売上高に算入して申告したが，所轄税務署からこれは課税売上高に該当しないとして消費税の還付を受けたことはない。

　2　承諾書取引においては，留保者は，自己の有する留保対象トン数を使用して，内航総連に対して納付すべき新造船舶の建造等納付金の免除を受けることができ，留保者の有する権能は，内航総連に対する債権ないし債権類似の権利であると解される。そうすると原告は，本件承諾書取引により，本件権利を取得し，これを内航総連に対し行使したものにほかならず，同取引の対象は，本件権利であるというべきであって，本件承諾書取引の対象は，「取引の対象となる権利」にほかならず，消費税法2条1項8号にいう「資産」に該当するというべきである。

　3　本件承諾書取引は，いずれも売買契約の形式を取っており，原告は取引の相手方からそれぞれ留保対象トン数を使用して，建造等納付金の免除を受ける権利の移転を受け，その対価として売買代金を支払ったものと認められ，原告はその上で本件権利を使用して建造等納付金の免除を受けたものと認められる。そうすると，本件権利自体は，承諾書取引によって消滅したり，減少したりすることはなく，本件承諾書取引は，売買契約によって，資産の同一性を保持しつつ他人に資産を移転したものであるから資産の「譲渡」に該当するというべきである。

解　説

　この事例は，筆者が熊本国税局の国税訟務官として担当した事件で，内航海運業界における内航海運組合総連合会（以下「内航総連」といいます。）の組合員間の取引に関するものです。その事実関係を概説すれば，新たに船舶を建造する際には建造船舶のトン数に応じた建造等納付金を内航総連に納付しなければならないのですが，船舶を建造する組合員が，その建造等納付金の免除を受けることのできる資格（平成10年までの船腹調整事業として行われていた新船舶建造のための引当資格を保有していた組合員に対する船舶調整事業廃止後における同事業廃止に伴う補償的措置として措置された建造等納付金の免除資格）を持つ他の組合員から，当該免除を受けることができる資格（「留保対象トン数」）を

使用（第三者使用）することの承諾（承諾書の交付）を受けて（その対価を支払い），建造等納付金の全部又は一部の免除を受ける取引，いわゆる承諾書取引が事実上売買の形式により組合員間で行われていました。この事例は，当該「留保対象トン数」が譲渡の対象となる「資産」に該当するか，つまり，資産の譲渡の対象となる権利等の無形資産に該当するかどうかが争われた事件です。

　福岡地裁は，当該承諾書取引は，売買契約によって，資産の同一性を保持しつつ他人に資産を移転したものであるから，資産の「譲渡」に該当すると判断しました。

　資産の譲渡及び貸付けにおける「資産」とは，取引の対象となる一切の資産をいい，棚卸資産又は固定資産のような有形資産のほか，権利その他の無形資産が含まれます（消基通5－1－3《資産の意義》）。そして，「取引の対象となる資産」とは，所得税法，法人税法及び会計上の資産概念によると，譲渡性のある財産権をすべて含む概念で，動産，不動産はもとより，借地権，無体財産権，許認可によって得た権利や地位，ビットコイン等の暗号資産など広く含まれる（金子宏著『租税法〔第23版〕』261頁）ものと解されており，また，一般に，「財産」とは，権利主体に属する経済的価値で，処分可能なもの又は権利の集合した状態をいうものであると解されていることからすると，消費税法における「資産」と観念できる無形資産は，商標権や特許権等の権利と同様に一般的に権利と認知され，取引の対象となり得る無形資産であると解するのが相当です。

　この事件においては，組合内部における法的な根拠がない事実上の取扱い（内航総連では，留保対象トン数を保有する海運業者が解撤《船舶解体》する際には，解撤等交付金を交付することとされており，この解撤等交付金の増加により資金不足となったために行われた追加的措置で，第三者使用を認めることにより，本来内航総連から支払を受ける解

撤等交付金の代わりに，留保対象トン数の第三者使用よって使用承諾を
受ける第三者から補償的に金銭を受領する機会を与えたもの）です。こ
のことから，新たに船舶を建造する場合の建造等納付金を自身では使用
することがなくなったこと等によって，当該免除を第三者の組合員が使
用できるよう内航総連に対して承諾するものであり，譲渡の対象とする
権利といえる法的ないしは許認可に基づく地位等とは認められず，取引
の対象とされるものであれば無制限に「およそ取引の対象となるすべて
の資産」とは解すべきではないとの国側主張に対して，福岡地裁は，判
決要旨のとおり，内航総連に対する建造等納付金の免除を受けることが
できる資格（留保対象トン数）を内航総連に対する債権ないしは債権類
似の権利であり，「取引対象となる権利」と認め，消費税法上の「資産」
であると判断し，国側の主張を排斥しました。

　この承諾書取引については，国税庁から内航総連を通じ内航海運業者
に対し，船腹調整事業廃止後は，船腹調整事業実施時において譲渡が行
われていた引当資格とは異なり，消費税の課税対象となる資産の譲渡に
該当しない（法人税法における営業権にも該当しない）旨の指導・周知
を行っていたものの，船腹調整事業実施時と同様に消費税の課税対象と
しての売買が多数の内航船舶事業者間で行われていた実態も重視して福
岡地裁は判断したと思われます。

　この事例を通じ，消費税法における「資産」が，取引の対象となる広
い概念のものとなると思われます。つまり，多段階一般消費税である我
が国の消費税は，生産，流通過程のあらゆる段階において発生する付加
価値に対して課税を行うものとして，原則として広くあらゆる物品，サ
ービスを課税の対象とし，経済取引において付加価値の移転等がある場
合は課税対象とすることから，当事者が租税回避等の目的で，真に意図
する法律形式を回避して殊更別の形式を採用して法律行為を行ったよう
な場合を除き，消費税法2条《定義》1項8号に規定する「資産の譲渡」

とは，他人に対する有形資産及び無形資産の譲渡と捉えられるものの一切を含む概念であると解されると考えられます。

　なお，消費税法においては，その譲渡の対象とする資産の時価や評価額には関係なく，また資産の貸付け及び役務の提供においても，貸付け等としての相当な額とは異なっていたとしても，「対価として収受すべき額」が資産の譲渡等による対価，つまり，虚偽表示による対価（契約当事者間における契約等において合意した額と異なる額を意図的に契約書等に表示した価格）でない限りは，所得税法における贈与や法人税法における寄附金となることはなく（みなし譲渡を除きます。），資産の譲渡等の取引当事者間で合意した額が消費税法上の対価となることに注意する必要があります。

(5)　ポイント交換の対価が役務の提供の対価に該当するかどうかの判断ポイント

事例13　ポイント会員システムを運営する業者間において行われるポイント交換の対価が，役務の提供の対価に該当すると判断された事例
〔大阪地裁令和元年12月13日判決，大阪高裁令和3年9月29日判決（確定）〕

大阪地裁判決要旨

1　「対価」とは，資産の譲渡等（資産の譲渡及び貸付け並びに役務の提供）に対する反対給付をいい，事業者が収受する経済的利益が資産の譲渡等に係る「対価」に該当するというためには事業者によって当該資産の譲渡等が行われることを条件として，当該経済的利益が収受されるという対応関係があることが必要であると解される。
2　原告は，本件各提携契約に基づき，提携法人に対し，ポイント交換がされた提携ポイントを保有していた双方会員に関し，当該提携ポイント数を基に所定の割合により算出した数の本件ポイントを付与し，もって，当該数の本件ポイントにつき原告の実施する本件ポイントサ

ービス（当該双方会員に対して付与され得る本件ポイントを含む本件
ポイント全体に対して一体的に提供されるもの）の対象に組み込むこ
とを内容とする役務を提供する債務を負うものであるということがで
き，しかも，本件金員は，原告によって当該債務（当該役務の提供）
が行われることを条件として，原告において収受されるという関係に
ある。
3　したがって，本件金員は，提携法人に対し，ポイント交換がされた
提携ポイントを保有していた双方会員に関し，当該提携ポイント数を
基に所定の割合により算出した数の本件ポイントを付与し，もって，
当該数の本件ポイントにつき原告の実施する本件ポイントサービスの
対象に組み込むという役務の提供に対する反対給付として，「対価」
に該当するものということができる。

解　説

　この事例は，筆者が大阪国税局の主任国税訟務官として担当した事件
であり，ポイント会員に対し商品の販売等の際にポイントを付与し，溜
まったポイントで商品購入や値引き又は各種サービス提供が受けられる
最近では広く行われているポイント会員システム，いわゆるポイント制
度において，異なるポイント制度を運営する会社間における提携契約に
より，一方の運営会社（提携法人。以下「A社」という。）のポイント
会員が保有するポイント（A社ポイント）を他の一方の運営会社（原
告。以下「B社」という。）におけるポイント（B社ポイント）として
使用（B社ポイントに係るサービスの提供を受ける）できるよう，A社
からB社へポイントの移行を行うとともに，その対価としてポイント相
当分の金員をA社からB社に交付するもので，このB社（原告）が交付
を受けた金員が資産の譲渡等の対価，本件では役務提供の対価として課
税売上げに該当するかどうかが争われました。

　なお，この事例では，各運営会社の運営するポイント制度は異なって
いますが，提携関係によって双方の会員（双方会員）が両ポイント制度

を一定の条件で利用できるいわゆる提携ポイントであり，ポイント運営会社が加盟店舗等で利用できるTポイントや楽天ポイントなどのような共通ポイントとは異なるものです。

　この事例においては，A社のポイント制度において売買等により会員に付与されたA社ポイントを，そのA社ポイントを保有する会員の依頼により，B社（原告）のB社ポイントに交換の上，B社においてB社からの会員に対する後払決済額から割り引く（B社独自に付与するB社ポイントと合算した上で，一定のポイント数が溜まることによって，相当額の割引きが行われる）ものであり，一見すると，ポイントを交換しただけであり，ポイント交換時において，B社に対してA社から何ら具体的な役務の提供があったとは考えにくく，原告B社も，B社の会員に対し，交換を受けたポイント相当額に係る後払決済額の割引きのための原資として受け取ったもので，何ら経済的利益を得ていない旨主張したもので，消費税法における「役務の提供」を判断する上では難解なものであり，非常に参考となる事例です。

　大阪地裁は，原告（B社）が交付を受けた金員は，A社との提携契約により，A社ポイントを保有していた双方会員に対し，B社ポイントを付与することによって，B社ポイントにつきB社の実施するポイント制度の対象として組み込むという役務の提供に対する反対給付として「対価」に該当すると判断しました。分かりやすく言うと，A社がA社ポイントを保有する会員に対して有するA社ポイント制度に基づくサービスを提供すべき債務を，B社に対し，B社ポイントに交換することにより，会員に対してB社のポイント制度に基づくサービスの提供を依頼し，その反対給付としてB社が受け取ったものですから，消費税法に規定する役務提供の対価に該当する旨判断したのです。

　つまり，A社は，A社の負うべきポイントによる債務をB社へのポイントの移行によって，そのポイントによる債務を負託したことによる経

済的利益に対する反対給付として支給したもの，要は，自身がすべきことを依頼しその対価を支払った関係ということであり，　事例11　の東京高裁が「役務の提供」の意義として，「『対価』に該当するといえるためには，個別具体的な役務提供があることを条件として経済的利益が収受されるといい得る対応関係があることが必要であるが，それ以上の要件は要求されていないものと解するのが相当である。」と判示したとおり，ポイント交換の段階では具体的な会員に対する具体的なサービスの提供（後払決済額の値引き）を依頼したものではないが，B社のポイント制度に基づく後払決済額の値引きを含む包括的なサービスの提供を約したものであり，その条件による経済的利益を受けるものであるといえます。

　では，原告（B社）が主張するように，B社が交換を受けたポイント相当額に係る後払決済額の割引きのための原資として受け取ったもの，つまり立替払いとしての前受金（不課税）や金銭債務の引受け（非課税）とは考えられないでしょうか。この事例の提携契約は，具体的な立替額や債権額の処理等を定めた立替払契約や債権譲渡契約の関係ではなく，B社のポイント制度によるサービスの提供（一定ポイントに達しない場合には割引きがないなど，サービス内容の運営，変更はB社による。）を負託する関係です。

　このことは，例えば，カタログギフトの販売が，贈与者による商品の贈答をカタログギフト業者が代行すること（具体的には，様々な商品を掲載したカタログを提示するとともに，受贈者の選択した商品を手配する一連のサービス）を内容とする「役務の提供」を行うものであり，カタログに掲載されている商品が飲食品のみのものであったとしても食料品として軽減税率の適用対象とはならない（平成28年4月（令和2年9月改正）「消費税の軽減税率制度の関するQ&A（個別事例編）」問35）ことと同様に，B社のポイント制度におけるポイントの管理や処理及び会員への通

知・対応などを含めた包括的な会員に対するサービスの提供をA社に代行するものであると考えられます。

> **大阪高裁令和３年９月29日判決（ポイント交換の対価が，役務の提供の対価に該当しないと判断）について**

　この **事例13** は，控訴審である大阪高裁において，次のとおり，第1審の上記大阪地裁の判断を破棄し，ポイント制度を運営する業者間において行われるポイント交換の対価が，役務の提供の対価に該当しないと判断しました（国側は上告せず当控訴審判決が確定しています。）。

　この控訴審判決は，特定地域の個別事情に関わる事件として，国側は上告を断念したものと思われますが，当判決の判断には法令解釈上疑問な点も多く（筆者としては誤った判断であると考えます。），これらの点について解説します。

大阪高裁判決要旨

1　提携法人がポイント交換において控訴人に支払う本件金員の額は，ポイント還元により控訴人が双方会員に付与した本件ポイントに係る本件ポイント還元額に等しくなるように定められているのであり，しかも，双方会員がポイント交換によらずに控訴人から付与された本件ポイントとポイント交換により付与された本件ポイントとで本件ポイント還元において異なった取扱いはされてないというのである。

2　これらの事実からすれば，本件各提携契約に基づく提携法人の控訴人に対する本件金員の支払は，ポイント交換に係る提携ポイントを発行した者としてその利用に係る経済的負担を負うべき立場にある提携法人が，本件ポイント還元を行う控訴人のために，その原資を提供する行為にほかならないというべきであり，本件金員は，控訴人が本件各提携契約に基づいて双方会員に付与した本件ポイントにつき本件ポイント還元を行うための原資としての性格を有するものというべきであって，本件金員に本件ポイント還元に係る原資以外の性格ないし要

素を見いだすことはできない。そして，本件各提携契約に基づくポイント交換に当たり，提携法人と控訴人との間で本件金員の支払以外に交換手数料その他の金銭の授受等も一切されていないというのである。

3　そうであるとすれば，本件各提携契約に基づく提携法人と控訴人との間のポイント交換は，無償取引というべきであり，本件金員を控訴人が本件各提携契約に基づき提携法人に対して行う役務の提供，すなわち，本件ポイントへの交換の意思表示をするなどした双方会員に対して控訴人の企業ポイントプログラムの対象に組み込むことを目的として本件ポイントを付与するという役務を無償で提供するもので，本件ポイントを付与するという役務の反対給付としての性質を有すると見るのは困難というべきであるから，本件金品は消費税法2条1項8号にいう「対価」に該当せず，これを消費税の課税標準とすることはできない。

解　説

　大阪高裁は，第1審の大阪地裁判決とは異なり，ポイント交換に際して支払われた金員が，役務の提供の対価に該当しないと判断しました。その理由は，控訴人（B社）は，控訴人の企業ポイント制度に組み込むことを目的として当該ポイントを付与するという役務を無償で提供し，提携法人（A社）が行うべきであった同社のポイント制度によるポイント還元を控訴人のポイント制度によるポイント還元を行うための原資としての性格である金員の提供を受けたものであり，役務の提供に対する反対給付である対価には該当しない無償取引であることから，消費税法2条1項8号にいう「対価」に該当しないと判断したものです。要約すると，控訴人（B社）と提携法人（A社）との間のポイント交換の取引は無償取引であることから消費税の課税対象となる取引ではないこと，及びその理由として，控訴人（B社）が支払を受けた金員は，控訴人（B社）が会員（双方会員）に対するポイント還元のための原資として

の性格を有するものを受け取ったのであるから，当該ポイント付与とい
う役務の反対給付とは解されないと判断したのです。

　なお，この高裁判決において，無償取引と判断した取引が，控訴人
（B社）がB社ポイント制度の会員に対してB社のポイントを付与する
こと自体の事務的な行為のみを捉えているのか，また，「原資を提供す
る行為」の法的解釈が示されていない（当該ポイント交換に際して授受
された金員が，立替払や金銭債権の譲渡ないしは負担金，清算金，賠償
金などいずれの法的性格のものであるかが示されていない）ため，判断
根拠となる法的解釈に窮するものですが，概していえば，控訴人（B
社）が，控訴人のポイント制度によって会員に対してポイント還元（サ
ービス提供）を行うための原資，つまり控訴人（B社）のサービス提供
の負担費用を提携会社から受け取ったものであり，何ら提携会社に対す
る役務の提供もなく，よって反対給付となる金員ではないと判断したも
のであろう思われます。

　確かに，この大阪高裁判決においても，「消費税は，事業として対価
を得て行われる資産の譲渡及び貸付け並びに役務の提供を課税対象と
し，課税資産の譲渡等の対価の額を課税標準額として課されるものであ
り，課税標準額に対する消費税額から当該課税仕入れに係る消費税額を
控除することにより，課税の累積を排除する仕組みが取られている。こ
の課税の仕組みは消費税が，消費そのものにではなく消費支出に担税力
を求めて課税する付加価値税の類型に属する多段階一般消費税として規
定されていることを反映したものである。このような消費税の性格及び
課税の仕組みから，消費税法に特別の規定がない限り無償取引を消費税
の課税対象から除外することとしているものと解されるのであり，同法
2条1項8号にいう対価を得てとは，資産の譲渡若しくは貸付け又は役
務の提供に対して反対給付を受けることをいい，無償による資産の譲渡
及び貸付け並びに役務の提供は資産の譲渡等に該当しないと解するのが

相当である（消費税法基本通達5-1-2参照）。」と判示するとおり，物品の譲渡やサービス提供が行われたとしても，その譲渡等に対する対価を収受しない，つまり譲渡等の対価が「無償」であるならば，転嫁を前提とする消費税の課税対象とはならないのです。

　しかしながら，まず第一点として，この事件においては，そもそも提携法人（A社）から控訴人（B社）にポイント交換（B社ポイントを付与）に伴って金員が収受されているのであり，「無償」とは，「対価またはそれに相当する金銭等の流入を伴わないことを意味している。（金子宏著『租税法〔第23版〕409頁』），「無償取引の場合には経済的価値の流入がそもそも存在しないこと。（同338頁）」と解されることからも，無償でポイント付与を行ったのではなく，提携契約に基づき相当額の金銭を支払っていることからすると，大阪高裁が「無償取引というべきである。」と判断したことには疑義があり，理解し難い点です。この事件では，ポイント付与を根拠として正に金銭が交付された有償の取引であり，しかしながら，有償の取引ではあるものの，その金銭が，ポイント付与という役務の提供の対価，つまりポイント付与に対する反対給付として支払われた金銭であるかどうかという対価性についての解釈・判断の問題が争点となるものです。

　第二点として，控訴人（B社）の収受した金員が，この「役務の提供の対価」に該当するかどうか，つまり控訴人（B社）が会員にB社ポイントを付与するという役務の提供の対価として収受した金員であるかどうかの判断が問題となります。ここで，控訴人（B社）がB社ポイントを会員に付与することの法的意味について，大阪高裁判決も，当該ポイント付与は，「本件ポイントへの交換の意思表示をするなどした双方会員に対して控訴人の企業ポイントプログラムの対象に組み込むことを目的として本件ポイントを付与する」ことであり，また，当該控訴人の企業ポイント制度の対象に組み込むことの意味は，提携法人（A社）が負

っていた会員に対するポイント還元に係る経済的負担を，ポイント交換により，控訴人が当該会員に対して負担することである旨認定していることからも，提携法人（A社）がA社ポイントを保有する会員に対して有するA社ポイント制度に基づくサービスを提供すべき債務を，控訴人（B社）に対しB社ポイントに交換することにより，控訴人（B社）が当該会員に対してB社ポイント制度に基づきサービスの提供の債務を負担することとなる関係といえます。

　大阪高裁は，当該ポイント交換によって，提携法人（A社）の経済的負担を控訴人（B社）が負担することとなる原因によって控訴人が収受した金員を，控訴人の経済的負担の原資としての性格の金員，つまり，いわゆる弁償金としての負担金又は補償金，立替金の清算金など対価性のない金員であると判断したものと思われます。

　確かに，消費税が各取引段階における転嫁を予定しており，負担金等においては，付加価値の転嫁が生じ得ないとの考えから対価性のないものと判断できるのですが，当該対価性のない負担金等と判断できるのは，その原因となる対価との間に明白な対応関係が必要，つまり付加価値が転嫁でき得る部分の額が生じ得ない場合であることが消費税の基本的概念です（**事例15** 参照）。しかしながら，消費税法上の「対価」とは，経済的利益を収受する個別具体的な役務提供とその役務提供に対する支払であるとの対応関係があればそれ以上の要件はなく，つまり他人に対する労務，便益，サービスの提供と捉えられるもの一切を含む行為によって経済的利益の収受があり，その反対給付としての支払であれば，契約や依頼等によって行われたものでなくとも，また，その役務提供の程度や明確な対応は関係ないと判示されています。概していえば，経済的利益の享受を受けたことに対するその給付であれば，消費税法上の「対価」に該当するということです（**事例11** 参照）。

　このため，この事件においても，当該ポイント交換に伴って支払われ

る金員が，対価性のない負担金等であるかどうかは，明白な対応関係があるかどうかによって判断することとなります。この点，大阪高裁は，「提携法人がポイント交換において控訴人に支払う本件金員の額は，ポイント還元により控訴人が双方会員に付与した本件ポイントに係る本件ポイント還元額に等しくなるように定められているのであり，しかも，双方会員がポイント交換によらずに控訴人から付与された本件ポイントとポイント交換により付与された本件ポイントとで本件ポイント還元において異なった取扱いはされてないというのである。」と，一応ポイント還元による負担額が同額であるような対応関係を示し，それを根拠に原資の性格であるとの判断をしているものと思えます。

　しかしながら，この事例における提携契約では，ポイント交換時において控訴人（B社）のポイント制度に組み込むことにより，将来において負担することなる控訴人（B社）の会員に対するサービス提供（決済代金の割引き）の経済的負担に充てるための相応額として収受されるものの，当該金員の収受時においては，控訴人（B社）の具体的な経済的負担となる個別負担額は確定しておらず，つまり将来負担するであろう概算額でしかなく，明白な対応関係があるとはいえません。このことは，控訴人のB社ポイント制度において付与されたポイントであっても，必ずしもポイント還元されない，つまりB社ポイント制度では，独自に有効期限到来や一定額に達するまでは還元対象とならない他，更に他の提携ポイントへの移行やポイント還元（割引き）の対象となる決済額自体も生じない場合もあり得ます。そもそも，共通ポイントとは異なり各提携関係のポイント制度では，その制度内容自体が異なっており（ポイント還元率も異なり，移行元ポイント制度では1ポイント1円相当での利用が，B社ポイント制度では0.5円相当の割引となる場合もあるなど，提携法人によって交換率が異なっており，この点においても大阪高裁は移行前後でポイント還元額が等しくなるよう定められていると

判示する根拠は判然としません。），更には，ポイント制度の内容の変更も各社独自に可能であることからも，明白な対応関係があるとはいえないことは明らかです（立替金の精算であっても同様）。

　なお，大阪高裁は，国税庁タックスアンサー No.6480（注3）の「共通ポイント制度を利用する事業者（加盟店A）及びポイント会員の一般的な処理例」において，加盟店がポイント制度の運営会社との取引については，対価性がないこと（消費税不課税）を前提とした処理をしていることを根拠として判示しています。しかし，この処理例は，あくまでも共通ポイント制度に基づいて，当制度で定められたすべての加盟店に適用される規約等において行われる債権債務の精算，いわば具体的金額の預り金，仮受金の精算となるもので，その精算等金額も個別具体的に行われるのが通常であり，この処理例においても同額による処理（精算）が行われていることからも，明白な対応関係による精算として不課税と解されるのです。

　以上のとおり，大阪高裁判決には，法令解釈における判断誤りが多々あるものと思われ，判決書を見る限り，筆者が上記で解説するような国側の釈明も見当たりません。国側は個別事例として上告等を断念したようで，当判決が確定しているのですが，この大阪高裁判決はあくまでも個別事例での判断であると考えられます。すなわち，共通ポイントとは異なり，各別のポイント制度の運営企業間で行うポイント交換において収受される金員は，通常は課税取引となる，つまり，その収受時において負担金等としての明白な対応関係がなければ，上記大阪地裁判決で解説する判断ポイントにより，役務提供の対価に該当するかどうかを判断する必要があります。

(6) ビル管理組合に対する管理費が役務の提供の対価に該当するかどうかの判断ポイント

事例14 区分所有権を有するビルの管理組合への管理費の支払が，役務の提供の対価に該当しないと判断された事例

〔大阪地裁平成24年9月26日判決，大阪高裁平成25年4月11日判決（確定）〕

大阪地裁判決要旨

1　各管理費が課税仕入れに係る対価であるというためには，各管理費が，各管理組合からの役務の提供に対する反対給付として支払われたものであることが必要である。原告は，各管理組合に共用部分の管理を現実に委託したか否かに関係なく，また，各管理組合が行った具体的な管理行為の内容如何にかかわらず，各管理費の支払義務を負うものであり，各管理組合の管理行為と引換えに各管理費を支払っているものでもない。そうすると，原告は，各管理組合に対して各ビルの管理業務を委託したことを根拠に各管理費を支払っているのではなく，各管理組合の構成員の義務として，各管理費を支払っているものというべきである。したがって，各管理費は，管理組合が行う管理業務と対価関係にある金員であるとはいえず，役務の提供に対する対価であるとは認められない。

2　資産の譲渡等に対する反対給付であるか否かは，個別具体的な資産の譲渡等と特定の給付との間に対応関係が認められるか否かを，支払自体の性質から判断すべきである。本件において，第三者と区分所有者との間に独立した納税義務の主体である管理組合が介在している以上，管理組合の第三者への支払を考慮して，ビル一棟の所有者が第三者に対して支払う費用と実質的に同一であると評価することはできない。

解　説

　この事例は，筆者が大阪地方裁判所の裁判所調査官であった時に裁判に係属された事件で，区分所有するビルの管理組合へ支払った管理費

が，管理組合からの役務の提供に対する反対給付として支払われたものであるかどうかが争われた事件です。

　大阪地裁は，管理組合に共用部分の管理を現実に委託したか否かに関係なく，また，管理組合が行った具体的な管理行為の内容如何にかかわらず，管理組合の構成員としての支払義務を負うものであり，管理組合が行う管理業務と対価関係にある金員であるとはいえず，役務の提供に対する対価であるとは認められないと判断しました。

　一般的に，ビルやマンションの区分所有者は，そのビル等の共有部分の清掃や保守及び管理人の各種事務のための費用として管理組合に管理費を支払っています。これは一見，区分所有者が人格なき社団としての独立した法人である管理組合に対し，区分所有者が本来自身で管理等すべき共有部分に係る清掃等の管理業務を依頼し，その反対給付として管理費を支払っており，更には，清掃やエレベータの保守などを外部の専門業者に委託するなど，その委託費用が主に管理費であるような実態からすると，この管理費は，第三者間で行われる依頼に基づく役務の提供とその反対給付であり，消費税法に規定する役務の提供の対価であるようにみえます。

　しかしながら，管理組合は人格なき社団等としての独立した法人ではありますが，区分所有者を構成員として組織する組合で，その構成員である区分所有者の総意（規約等）に基づき共有部分の管理を行うこと及びその費用負担を行うものであることからすると，管理費の支払は，管理組合の構成員の義務として行った組合内部の行為であり，他の者に対して行われた役務の提供ではないことから，消費税法に規定する役務の提供の対価には該当しないということになります。

　このように組合又は団体とその組合員又は構成員との間における取引や支払関係については，一見，役務の提供の対価とみえるような支払関係であることから誤った判断を行うケースも多く，支払関係が組合又は

団体内部の組合員又は構成員としての負担や義務（いわゆる内部自治）であるかどうかによって，消費税法上の役務の提供の対価になるかどうかを判断しなければならないことに注意が必要です。

　そして，内部自治であるかどうかの判断において，役務の提供については，組合等が組合員等に対し行う役務の提供との間に明白な対価関係があるかどうかによって判断することとなります。具体的には，組合等の設立目的，入会資格，活動状況，規約等及び対価の決定方法など個々の具体的事例ごとに判断するのですが，その判断が困難な会費や組合費等については，対価性がないもの（不課税）とするとともに，その会費等の支払者側においても，そのことの見合いで課税仕入れに該当しないこととしているときは，その処理を認める取扱いがされています（消基通5-5-3《会費，組合費等》）。

　なお，明白な対価関係があるかどうかの判断が困難な会費等の取扱いは，あくまでも判断が困難な場合についての取扱いであって，その会費等が実質的に出版物の購読料，映画・演劇の入場料，職員研修の受講料，施設の利用料又は情報等の提供料である場合には，役務の提供に係る対価となります。

　（注）　管理組合は，区分所有法（建物の区分所有等に関する法律）に基づく
　　　　管理組合を前提に述べましたが，例外的に，民法上の組合（任意組
　　　　合）で，組合を通じて外部の業者へ清掃等の管理業務を委託し，その
　　　　対価を支払うような場合には，上記の考え方とは異なり，人格なき社
　　　　団等の法人格はないことから，原則として，各組合員が持分割合に応
　　　　じた支払関係が生じる（いわゆるパス・スルー）こととなり，外部業
　　　　者に対する役務の提供の対価として課税仕入れ（持分割合）に該当す
　　　　ることになります。

(7)　工事負担金が役務の提供の対価に該当するかどうかの判断ポイント

事例15　市等に支払った道路設置工事に係る負担金の支払が，役務の提供の対価に該当しないと判断された事例　〔平成15年6月13日裁決〕

裁決要旨
1　本件横断地下道は，設置完了後，直ちにF市道となって一般に供用されていることからも，請求人のように負担金を支払った者のみが負担金を支払っていない者に比して有利な条件で利用できるものともなっておらず，本件横断地下道が費用分担者らの要請等により設置されたものであるとしても，当該分担者らに対してその専用側線利用権等の権利が設定されたものとも認められない。
2　したがって，請求人が本件横断地下道から便益を受けていることは認められるものの，本件横断地下道は，負担金を支出していない者であっても，請求人と同様の条件で利用できるものであり，負担金を支払った者の便宜のみが支払っていない者に比して著しく増大することに起因して徴収されたものではないことは明らかであり，また，専用側線利用権等の権利の設定の対価でもないことから，本件工事負担金と明白な対価関係があるとは認められない。

解説

　この事例は，請求人が，大規模小売店舗を建設するに当たり，顧客の利便性や交通渋滞に対する警察の指導により，隣接する一般国道の下を横断する地下道を進入道路として設置する必要があったことから，市及び地方整備局と協議し，当該横断地下道の建設工事費用を全額負担することで市等により横断地下道が設置され，請求人が市に対して支払った工事負担金が，課税仕入れに係る支払対価に該当するかどうかが争われた審査請求事件です。

　国税不服審判所は，当該横断地下道は，市の占有道路として管理され

るもので，請求人に所有権が帰属するものではないこと，当該横断地下
道の設置により供される便益は，負担金を支払った請求人のみに及ぶも
のではないことから，当該負担金と明白な対価関係があるとは認められ
ないとして，請求を棄却しました。

　役務の提供における対価性の判断においては，　事例14　でも述べた
とおり，役務の提供を受けた事実が存在し，その役務の提供者からのそ
の役務の提供に対する反対の給付としての関係がある場合に該当するも
のです。したがって，この事例において，請求人が支払った工事負担金
は，自己所有となる道路の工事に対して支払った工事代金ではなく，顧
客の利便等のため市等への依頼により市の所有となる横断地下道の工事
及び設置を行ったことに対する負担金又は補償金的性格のものであり，
消費税法上の対価性はないこととなります。

　この点，いわば受益者負担金（事業を行った結果により著しく利益を
受ける者があるときに，その利益を受ける程度において，その事業に要
する費用の一部を負担させるもの）と同様に，具体的な役務の提供を受
けることを意味しない，単なる反射的利益に対する負担金といえます。

　なお，使用料等に応じて負担するなど明確な対価関係がある負担金
（例えば，流域下水道建設負担金など）や具体的な使用権等の取得に係
る負担金（例えば，専用側線利用権，電気ガス供給施設利用権，水道施
設利用権，電気通信施設利用権など）については対価性があり（消基通
5-5-6（公共施設の負担金等），11-2-8（公共的施設の負担金等）参照），課
税対象となります。

第2

非課税取引

　消費税は，生産，流通過程を経て事業者から消費者（家計）に提供される財貨・サービスの流れに着目して，各取引段階の事業者の売上げを課税の対象（なお，前段階の税額は控除）とすることにより，間接的に財貨又はサービスの消費に税負担を求めるものです。

　したがって，課税の対象となる取引には，原則として国内におけるすべての財貨・サービスの提供等が含まれますが，これらの財貨・サービスの中には，消費に負担を求める税としての性格上，課税対象になじまないものや政策的に課税することが適当でないものがあります。

　なお，政策的な配慮に基づく非課税取引は，消費全般に広く，公平に負担を求めるという消費税法の理念からすれば，極めて限定的に適用すべきものであり，現行消費税法においても，その適用範囲は限定的なものとなっています。

　この点に関し，税制調査会の「税制改革についての中間答申（昭和63年4月）」は，「政策的配慮に基づき設定される非課税取引は，各国にもその例をみるが，この種の非課税取引の設定は，制度の複雑化や納税事務負担の増加をもたらし，また，非課税取引が増えれば，課税取引に適用される税率の上昇を招くなどの問題を抱えている。」と指摘した上で，「この種の非課税取引をどの程度設けるかは政策的配慮と税制の中立性や制度の簡素化との間の比較考量によることになろう。」としています。

　つまり，非課税の範囲を広くすると次のような問題が生じます。

① 　非課税取引は前段階の仕入れに係る消費税額が控除できないため，その仕入れに係る税額が伏流し，産業間に非中立的となるおそれがあり，そのような取引を多くすることは問題があること。

② 　事業者が課税資産と非課税資産とに区分して売上げ及び仕入れの記帳をしなければならないが，対象となる取引が多くなれば，事務の複雑化を招くこと。

③　我が国のように所得水準が平準化し，国民の価値観が多様化してい
　る中で，非課税資産等の選定を国民合意の下に行うことが極めて困難
　であること。

　このようなことから，消費に対して負担を求める税としての性格から
課税の対象としてなじまないもの及び政策上の見地から課税対象に含め
ないのが適当であるものに限り，極めて限定的に非課税とされていま
す。

1　消費税の性格から課税の対象としてなじまないもの
　①　土地（土地の上に存する権利を含む。）の譲渡及び貸付け
　　　なお，非課税とされる「土地の貸付け」から，一時的に使用させ
　　る場合及び施設の利用に伴い土地を使用させる場合は除かれます
　　（消令8）。
　②　有価証券又は支払手段等の譲渡
　③　利子を対価とする資産の貸付け等
　④　郵便切手類，印紙及び証紙の譲渡
　⑤　物品切手等
　⑥　国等の手数料
　⑦　外国為替業務等

2　社会政策上の配慮から非課税とされているもの
　①　公的な医療保障制度に係る療養，医療等
　②　介護保険に係る資産の譲渡等
　③　社会福祉事業及び社会福祉事業等に類する一定のもの
　④　助産に係る資産の譲渡等
　⑤　埋葬料，火葬料を対価とする役務の提供
　⑥　身体障害者用物品の譲渡等
　⑦　学校等における教育として行う役務の提供
　⑧　教育用図書の譲渡

⑨ 住宅の貸付け

　　住宅とは，人の居住の用に供する家屋又は家屋のうち人の居住用
　に供する部分をいいます。

　　なお，契約において人の居住の用に供することが明らかにされて
　いる場合（契約において貸付けに係る用途が明らかにされていない
　場合に，当該貸付けに係る賃貸人や住宅の状況等からみて，人の居
　住の用に供されていることが明らかな場合を含む。）に限るものと
　し，一時的（1か月未満）に使用させる場合その他の政令で定める
　場合を除きます。

　消費税における非課税取引は，限定的に定められており，非課税とな
る土地の譲渡及び貸付けや住宅の貸付けに該当するかどうかなど判断の
難しい場合も多くあるかと思われます。本項では依然として審査請求や
裁判でも争われることが多い駐車場の貸付けが土地の貸付け（非課税）
に該当するかどうかなどの判断ポイントについて，判例等に基づいて解
説します。

(1)　駐車場用地の貸付けが非課税となる土地の貸付けに該当するかどうかの判断ポイント

事例16　未舗装である土地の駐車場としての貸付けが，非課税である土地の貸付けには該当しないと判断された事例
〔大阪地裁平成24年4月19日判決，大阪高裁平成24年10月17日判決，最高裁平成29年1月19日上告等棄却〕

大阪地裁判決要旨

1　法が土地の貸付けを非課税取引としている趣旨は，土地は使用や時間の経過によって摩耗ないし消耗するものではなく，土地そのものの消費を観念することができないことから，消費に負担を求める税である消費税を課する対象から除外するという点にあるものと解されるところ，かかる趣旨に鑑みれば，土地の使用を伴う取引であっても，駐車場という施設の利用に伴って土地が使用される場合には，駐車場という施設の貸付け又は車両の管理という役務の提供について消費を観念することができるから，単なる土地の貸付けと同列に論じることはできず，消費税の課税対象とすることが合理的である。したがって，土地の貸付けであっても，それが駐車場という施設の利用に伴って土地が使用されるものであれば，消費税法6条1項所定の非課税取引には当たらず，消費税法4条1項により消費税の課税対象とされることとなる。

2　各土地は，出入り口に駐車場であることを示す看板が設置され，地面が平坦に整地されており，ロープなどにより区画割りがされているなど，いずれも駐車場としての用途に応じた土地の整備がされていること，原告は，各土地につき駐車場として賃貸するために砂利を敷く等の修繕を毎年行い，そのために費用を支出していることがそれぞれ認められる。これらによれば，原告は，各土地を，更地として貸し付けていたものではなく，駐車場として各賃借人に賃貸していたものであったと認められる。よって，原告による各土地の貸付けは，消費税法施行令8条所定の駐車場の利用に伴って土地が使用される場合に当たるから，消費税の課税対象である「資産の譲渡等」に該当すると認

　めら れ，原告は各土地の貸付けによって得た収入について消費税等の
　納税義務を負うものと解するのが相当である。

[解　説]

　この事例は，アスファルト舗装がされていない土地ですが，出入り口
に駐車場の看板が設置され，地面が平坦に整地されており，ロープや番
号が記載されたコンクリートブロック等により区画割がされた，いわゆ
る青空駐車場の貸付けが，消費税の非課税取引となる土地の貸付けから
除かれる，「施設の利用に伴って土地が使用される場合」に該当するか
どうかが争われた事件です。

　大阪地裁は，賃貸人は，契約車両の駐車のためにのみ使用することが
できるとの約定で賃貸し賃料収入を得ていたこと，また，それぞれの出
入口に駐車場であることを示す看板を設置，地面が平坦に整地，ロープ
又は白線及び番号が記載されたコンクリートブロックや番号札により各
車両が区画割りされているなど，いずれも駐車場としての用途に応じた
土地の整備がされていること，そして，駐車場として賃貸するために砂
利を敷く等の修繕を毎年行い，そのために費用を支出していることによ
れば，当該土地を更地として貸し付けていたものではなく，駐車場施設
の利用に伴って賃貸人に使用させたものと認められることから，土地の
貸付け（非課税）には該当しないと判断しました。

　消費税法別表第一第1号において非課税とされる「土地の貸付け」か
らは，消費税法施行令8条《土地の貸付けから除外される場合》により，「土
地の貸付けに係る期間が1月に満たない場合」と「駐車場その他の施設
の利用に伴って土地が使用される場合」が除かれており，消費税法基本
通達6-1-5《土地付建物等の貸付け》の（注）1では，「事業者が駐車場
又は駐輪場として土地を利用させた場合において，その土地につき駐車
場又は駐輪場としての用途に応じる地面の整備又はフェンス，区画，建

物の設置等をしていない時（駐車又は駐輪に係る車両又は自転車の管理
をしている場合を除く。）は，その土地の使用は，土地の貸付けに含ま
れる。」と定めています。また，国税庁ホームページのタックスアンサ
ー No.6213の2「駐車場，野球場等の貸付け」には，「駐車している車
両の管理をしている場合や，駐車場としての地面の整備又はフェンス，
区画，建物の設置などをして駐車場として利用させる場合には，消費税
の課税対象となります。」と解説されています。これらを考慮すると，
土地そのものを貸し付ける場合であったとしても，防草のためのアスフ
ァルト舗装や砂利の敷き詰め及び侵入やごみ投棄の防止のためのフェン
スの敷設などが行われた状態で貸し付けることもあり，どのような設備
等のある状態での貸付けが，「駐車場その他の施設の利用」となるの
か，つまり，更地に設置された砂利やロープまでもが「施設」といえる
のか判断が難しく，その判断によって課税額にも大きく影響することに
もなります。

　この事例と同様な駐車場としての土地の貸付けに関する裁判・裁決例
は多く，それらの判断内容からすると，「駐車場その他の施設の利用に
伴って土地が使用される場合」に該当するどうかどうかは，実態として
駐車場として使用されるかどうかであり，その判断ポイントとしては，
当裁判例の判示内容から要約すると，①貸付けに係る契約内容と②貸付
時における土地に敷設して貸し付けられる設備等の状態とを次により総
合的に判断するものとされています。

　①貸付けに係る契約内容では，駐車場や資材置場などの施設としての
貸付けを約するものであるかどうか，つまり土地そのものの自由な使用
を約するものであるのかどうか，そして②貸付時における土地に敷設し
て貸し付けられる設備等の状態とは，①の契約内容に伴って，その施設
として利用され得る設備等があるかどうかによって判断するものと考え
られ，例えば，アスファルト舗装を施していない土地に車割のためのロ

ープを張っただけの場合や車止めが敷設されただけの場合であっても，駐車場としての土地の貸付けを約するのであれば，社会通念上の規模・状態にもよりますが，「駐車場その他の施設の利用に伴って土地が使用される場合」に該当することとなります。

　このことは，消費税が各取引段階において移転，付与される付加価値に着目して課される付加価値税の性質を有する多段階一般消費税であることから，土地自体の譲渡及び貸付けにおいては，付加価値を生じるものではなく（土地自体の評価額の上昇下降による価格の変動はあり得る），消費税法の性格から課税の対象としてなじまないものとして課税の対象から除かれる（非課税）一方，付加価値が生じ得る何らかの敷設等が加えられた土地の譲渡又は貸付けと観念できる取引，つまり，その土地の利用価値を高める敷設等の利用を伴って行われる貸付けの取引であれば，課税の対象から除く理由もなく，本来どおりの課税対象となるとの法的概念を踏まえて判断すべきこととなります。

　なお，敷設等の費用が僅少，つまり土地の価額に比べて少ない額の費用であることは，原則として，「設備」に該当するかどうかの判断を左右するものではないことにも留意する必要があります。

事例17　アスファルト舗装等した土地のコインパーキングの用地として の貸付けが，非課税である土地の貸付けには該当しないと判断され た事例
〔大阪地裁平成24年7月11日判決，大阪高裁平成24年11月29日判決，最高 裁平成25年6月14日上告等棄却〕

大阪地裁判決要旨

1　消費税法6条1項は，土地の貸付けを原則として非課税取引としつ つ，消費税法施行令8条において，「駐車場その他の施設の利用に伴 って土地が使用される場合」を定め，この場合における土地の貸付け を課税取引としている。これは，「駐車場その他の施設の利用に伴っ て土地が使用される場合」は，土地そのものの貸付けではなく，駐車 場その他の施設の利用に消費としての性格が認められることから，課 税取引としたものであると解される。そして，その取引が駐車場その 他の施設の利用に伴って土地が使用される場合に該当する以上，賃貸 料のうち観念的な土地利用の対価部分の割合にかかわらず，取引全体 が課税取引として課税の対象となると解するのが相当である。
2　賃借人Aとの契約において，賃借人Aが土地を時間貸駐車場として 使用することがその目的とされ，原告は，賃借人Aに対し，設備が設 置された状態で土地を引き渡し，賃借人は駐車区画ラインを除く設備 を利用して時間貸駐車場営業を行ったこと，賃借人Bとの契約におい て，無人時間貸駐車機器の設置等がその目的とされ，賃借人Bは，設 備を利用して時間貸駐車場営業を行ったことが認められる。これらの 事実に照らせば，原告が賃借人A及び賃借人Bに対して土地を引き渡 した各時点において土地上に存在した設備は，駐車場として利用可能 な機能を有した施設であるということができる。したがって，本件貸 付けは，「駐車場その他の施設の利用に伴って土地が使用される場 合」に該当し，いずれも課税取引であると認められる。

解　説

　この事例は，無人時間貸駐車場（コインパーキング）の業者に，その 駐車場用地として土地を貸し付けたものであり，貸付けのための引渡し

時に，既にフェンスやアスファルト舗装及びライン線が引かれた状態でした。つまり，それまで自己で駐車場を経営していた業者が，その駐車場であった土地をコインパーキング業者に貸し付けるに際し，既に敷設されていたアスファルト舗装等を更地とせずに引き渡し，借り受けたコインパーキング業者が引き渡し後にラインを引き直すとともに無人時間貸駐車機器を設置することとした土地の貸付けが，消費税の非課税取引となる土地の貸付けから除かれる「施設の利用に伴って土地が使用される場合」に該当するかどうかが争われた事件です。

　大阪地裁は，土地を駐車場として使用することが目的とされ，土地を引き渡した時点において土地上に存在した設備は，駐車場として利用可能な機能を有した施設であるということができることから，当該貸付けは，「駐車場その他の施設の利用に伴って土地が使用される場合」に該当すると認められ，土地の貸付け（非課税）には該当しないと判断しました。

　この事例では，本来更地として貸し付ける土地に，貸付前から設置されていたアスファルト舗装等の設備が借受者の借受後においても利用可能なものであったことから，更地とせずに貸し付けたものであり，原告も実質的に更地として貸し付けた場合と同様である旨主張していたものです。

　既にアスファルト舗装やフェンスなどがある土地の場合に，わざわざ更地の状態に戻してから貸し付けることは，更地とする費用の面からも行わず，借受者の用途に沿って自由に使用させる契約で貸し付けることも多いのではないかと思われ，このような更地として貸し付ける場合と実質的に同様な場合であっても，アスファルト舗装やフェンスがある土地の貸付けであれば，施設の利用に伴う土地の貸付けと判断するのかどうかが問題となります。

　この点，当裁判所が判示するところによれば，上記 **事例16** で示す

判断ポイントに沿って，貸付時において，貸付後に利用し得る設備等が存在し，貸借当事者において，その施設等の存在を認識の上，その施設等の利用に伴う土地を貸し付ける契約であることから，「駐車場その他の施設の利用に伴って土地が使用される場合」に該当すると判断しているのです。

　以上のことからすれば，例えば，アスファルト舗装のない土地であっても，ロープで車の区割りをした土地を駐車場の利用として貸し付ける場合には，「駐車場その他の施設の利用に伴って土地が使用される場合」に該当し，一方，ごみ投棄防止等のために設置したフェンスがある土地であっても，土地そのものは自己の用途に沿って自由に使用する契約である場合には，「駐車場その他の施設の利用に伴って土地が使用される場合」に該当しないこととなり，次の **事例18** が参考となります。

事例18 　更地であった土地の駐車場及び資材置場施設としての貸付けが，非課税である土地の貸付けに該当すると判断された事例
〔平成23年7月5日裁決〕

裁決要旨

1　甲契約書には，請求人は，自ら所要の施設又は設備を設置した上，Aに対し，土地を資材置場施設及び駐車場として賃貸する旨が記載されている。しかし，甲土地は，賃貸借開始当時，更地の状態であり，資材置場施設及び駐車場と呼べるような施設又は設備は何も設置されていなかった。また，賃貸借開始後に，請求人が，本件屋根及びその下の駐車区画ロープを設置し，Aが，各課税期間中，本件屋根の下の場所を資材置場や駐車場として使用していたものの，その場所の甲土地に占める面積の割合は，ごく一部にとどまっている上，賃貸借開始当初から，各課税期間の終了時まで，甲土地の使用方法に制限はなく，Aは，本件屋根の下の場所を含む甲土地全体を，自己の用途に沿って，自由に使用していた。以上の事情を総合すると，請求人が行った

甲土地の賃貸の実体は，契約書記載のとおりの資材置場施設及び駐車場の貸付けでも，本件屋根及びその下の駐車区画ロープという施設の利用に伴う土地の貸付けでもなく，甲土地そのものの貸付けであると認められる。

2　乙契約書には，請求人は，自ら所要の施設又は設備を設置した上，Bに対し，土地を資材置場施設及び駐車場として賃貸する旨が記載されている。しかし，乙土地は，賃貸借開始当時，更地の状態であり，本件物置及びBが自ら設置した屋根付作業小屋以外には，資材置場施設及び駐車場と呼べるような施設又は設備は何も設置されていなかった上，各課税期間中，本件物置を資材置場として使用していたものの，同物置の乙土地に占める面積の割合は，ごく一部にとどまっている。また，賃貸借開始前から，各課税期間の終了時まで，乙土地の使用方法に制限はなく，Bは，作業小屋及び物置3基を自ら設置し，本件物置を含む乙土地全体を，自己の用途に沿って，自由に使用していた。以上の事情を総合すると，請求人が行った乙土地の賃貸の実体は，契約書記載のとおりの資材置場施設及び駐車場の貸付けでも，本件物置という施設の利用に伴う土地の貸付けでもなく，乙土地そのものの貸付けであると認められる。

3　Cが，本件土地の端の傾斜地部分であった丙土地を借り受けて，駐車場という自己の用途に沿うように，自ら平に整地し，使用しているというほかないものであるから，契約締結後に請求人が駐車場設備の設置をしたことを考慮に入れても，丙土地については，あくまで丙土地そのものの貸付けであると認められる。

4　以上のとおり，各賃貸は，いずれも「駐車場その他の施設の利用に伴って土地が使用された場合」に該当せず，「土地の貸付け」に当たるから，非課税取引である。

解　説

この事例は，土地を駐車場及び資材置場として賃貸する契約ではあるが，賃貸借開始時は更地の状態であり，駐車場及び資材置場施設と呼べるような施設又は設備は何ら設置されておらず，自ら所要の設備又は設備を設置した上で，駐車場等として賃貸する契約の貸付けが，「駐車場

その他の施設の利用に伴って土地が使用される場合」に該当するかどうかが争われた審査請求事件です。

　国税不服審判所は，賃貸借契約書において，資材置場施設及び駐車場の貸付けを使用目的とする旨記載されているものの，賃貸借開始時においては更地の状態であり，請求人（賃借人）が自己の用途に沿って自由に使用していたものであると認められることから，非課税となる土地そのものの貸付けと判断しました。

> ## (2) 有料老人ホーム等施設の貸付けが非課税となる住宅の貸付けに該当するかどうかの判断ポイント

事例19　介護付有料老人ホームの貸付けにおいて，賃借人が日常生活を送るために必要な場所と認められる部分の貸付けは，非課税となる住宅の貸付けに該当すると判断された事例　〔平成22年6月25日裁決〕

裁決要旨

　消費税法上，非課税となる住宅の貸付けの範囲の判定に当たっては，住宅に係る賃借人が日常生活を送るために必要な場所と認められる部分はすべて住宅に含まれると解するのが相当であるところ，介護付有料老人ホームは，単なる寝食の場ではなく，入居した老人が介護等のサービスを受けながら日常生活を営む場であるから，介護付有料老人ホーム用の当該建物の内部に設置された事務室，スタッフステーション，宿直室，厨房等の介護サービスを提供するための施設は，入居者が日常生活を送る上で必要な部分と認められることから，これらの部分の貸付けは非課税となる住宅の貸付けに該当する。

解説

　この事例は，介護付有料老人ホームを運営する関係法人に有料老人ホーム施設の建物を賃貸した賃貸収入について，賃貸した当該建物のう

ち，入居老人の居室以外である介護職員が使用する事務室，スタッフス
テーション，宿直室，厨房等が，消費税法上，非課税の適用を受ける
「家屋のうち人の居住の用に供する部分」に該当するかどうか争われた
審査請求事件です。

　国税不服審判所は，消費税法上，非課税となる住宅の貸付けの範囲の
判定に当たっては，住宅に係る賃借人が日常生活を送るために必要な場
所と認められる部分はすべて住宅に含まれると解するのが相当であり，
介護付有料老人ホームは，入居した老人が，入浴，排せつ，食事などに
係る介護を受けながら日常生活を送る場所であることから，単に寝食の
場である居室以外の介護職員が使用する事務室，スタッフステーショ
ン，宿直室，厨房等についても，入居した老人が介護等のサービスを受
けながら日常生活を営む場であり，入居した老人が日常生活を送る上で
必要不可欠な場所であるというべきであるとして，「居住の用に供する
部分」に含まれると判断しました。

　消費税法は，非課税とする住宅を「人の居住の用に供する家屋又は家
屋のうち人の居住の用に供する部分をいう。」（消法別表第一・十三）と定
めていますが，介護付きの有料老人ホームや認知症高齢者のための共同
生活住居であるグループホームなどの施設においては，入居者が寝食の
場である居室以外に，入居者が共同で利用する談話室や浴室及び廊下，
エレベータ，階段などの共同利用施設など，更に，入居者自身は利用し
ない事務室や介護職員の宿直室，倉庫などもあり，当該施設を貸し付け
る場合に，居室以外の部分が「居住の用に供する部分」に該当するのか
どうか，再調査の請求（異議申立て）や審査請求で争われるケースも多
く，判断に悩むことも多いと思われます。

　有料老人ホーム等では，入居者から，居室部分の賃料相当としての入
居金（月額又は償却期間分）とは別に，管理料及び生活介助や食事提供
等のサービス提供に係る費用等を月額利用料として徴する契約もあるこ

となどから，「居住の用に供する部分」は，一見，居室部分のみである
ようにも考えられ，あえて談話室などの共同利用施設が含まれるとして
も，入居者自身は利用しない事務室などは含まれないと考えられ，その
考えからすると，消費税法基本通達6-13-6《住宅の貸付けと役務の提供が
混在した契約の取扱い》において，「一の契約で非課税となる住宅の貸付け
と課税となる役務の提供を約している場合には，この契約に係る対価の
額を住宅の貸付けに係る対価の額と役務の提供に係る対価の額に合理的
に区分するものとする」と定めていることから，貸付けの対価の額を非
課税である居室部分とそれ以外の部分の面積の比により，非課税部分と
課税部分にあん分するのが合理的であるように思える（請求人主張）か
もしれません。しかしながら，国税不服審判所は，一貫して，当裁決で
示すとおり，居室以外の事務室等についても，入居した老人が介護等の
サービスを受けながら日常生活を営む場であり，入居した老人が日常生
活を送る上で必要不可欠な場所であるというべきであることから，「居
住の用に供する部分」に含まれると判断しており，有料老人ホーム等と
して施設を貸し付ける場合（契約）には，その施設を貸し付ける対価
は，非課税となる住宅の貸付けの対価に該当することとなります。

　このことは，消費税法が住宅の貸付けを非課税とする目的が，人の生
活の拠点である住宅の確保に係る支出対価については消費税の負担を求
めず，住宅の貸付けを行う事業者が賃借人に対し消費税を転嫁しないこ
とにより，住宅賃借人を政策的に保護する趣旨からも，「居住の用に供
する部分」とは，住居として日常生活を送る上で必要不可欠な場所であ
るかどうかによって判断すべきものと考えられます。

　ただし，当裁決事例でもあるように，施設の一部を老人ホームとして
の貸付け以外，例えば，当裁決事例のような地域住民の交流のための会
議室など，課税対象となる入居者以外の者が利用する個別の施設部分が
ある場合には，消費税法基本通達6-13-6の定めに基づき，面積等によ

り合理的に按分することとなり，契約において，課税対象となる部分としての貸付けである旨を明らかにしておく必要があることに注意しておかなければなりません。

　なお，令和2年4月1日から適用された改正消費税法において，改正前は，住宅の貸付けであるかどうかは，「当該貸付けに係る契約において人の居住の用に供することが明らかにされているものに限る」とされていましたが，改正後は，「当該契約において当該貸付けに係る用途が明らかにされていない場合に当該貸付け等の状況からみて人の居住の用に供されていることが明らかな場合を含む。」との状況による判断が追加されました（消法別表第一・十三）。しかしながら，当裁決事例においては，改正後においても，居住に伴う各施設の状況から，より居住の用に供する部分であることが判断されると考えられます。

(3)　クレジット手数料が非課税となる金融取引に該当するかどう かの判断ポイント

事例20　カード会社に支払ったクレジット手数料が，非課税である金 銭債権の譲渡に該当すると判断された事例
〔東京地裁平成11年1月29日判決，東京高裁平成11年8月31日判決，最高 裁平成12年6月8日上告等棄却〕

東京地裁判決要旨

　本件手数料は，宣伝広告に係る役務の対価としての性質を有するもの ではなく，また，代金の返還事務の処理に照らしても，本件手数料は一 般的なカード会員組織の利用の対価ではなく，個別的な売買代金の回収 に対するものであることが明らかであり，本件カード会社及びカード会 員にとっても，原告のためにカード会員からの代金回収を行う役務の提 供は，他のカード利用代金の回収と同様，専ら代金の決済手段として認 識されているものと解することができ，その法律構成も債権の譲渡又は 立替払（加盟店契約又は会員規約において代金債権の譲渡が記載されて いないもの）とされていることが認められる。しかも，本件カード会社 の提供する具体的な事務内容は極めて定型化されていることからする と，本件手数料は，右事務の対価というよりも，迅速簡便な販売，回収 組織としてのカード会員組織の利用の対価という面を有するのであつ て，その法的な性質は，他のカード利用代金に関する振替委託業務と同 様に具体的に発生した商品代金の決済手段のための債権の譲渡又は立替 払に止まるものというべきである。

解説

　この事例は，信販会社等カード会社の加盟店が，顧客に販売した商品 の商品代金についてクレジット決済を利用した際に，カード会社から支 払を受ける商品代金から差し引かれたクレジット手数料が，カード会員 組織の利用した宣伝，販売等の便宜に対する対価（いわゆるクレジット 利用手数料）又は商品代金の回収及び回収事務処理という役務の提供の

対価（課税仕入れ）に該当するか又は消費税法施行令10条《利子を対価とする貸付金等》3項8号で非課税として規定する金銭債権の譲受けその他の承継の対価に該当するかどうかが争われた事件です。

　東京地裁は，当該クレジット手数料は，加盟店契約に基づき，カード会社が加盟店から商品代金債権の譲渡を受け，あるいは，代金債権の立替払をして，原債権を消滅させて求償債権を取得するものであり，債権譲渡又は立替払から生ずる差益に該当することから，非課税として規定する金銭債権の譲受けその他の承継の対価に該当すると判断しました。

　消費税法は，非課税取引とする金融取引として，利子を対価とする金銭等の貸付け，信用の保証としての役務の提供，信託報酬を対価とする役務の提供及び保険料を対価とする役務の提供を規定（消法別表第一・三）し，これらに類するものとして，金銭債権の譲受けその他の承継（包括承継を除く。）を規定（消令10③八）しています。これらの決済手段あるいは信用供与手段としての金融取引は，財貨及び役務の流通，決済を活発かつ円滑ならしめるものの，その性質上，そこで付与される価値が財貨又は役務の価格を高め消費の対象となるものではない趣旨から非課税取引とされ，金融取引というべき「金銭債権の譲受けその他の承継」も非課税取引とされています。

　この事例では，クレジット手数料が，カード払いによる信用販売の利用や商品代金の回収及び代金収納事務の代行等といった役務の提供の対価とも考えられる面もある（原告主張）のですが，加盟店契約に基づく加盟店とカード会社との法的関係は，加盟店の顧客に対する商品代金の債権をカード会社に譲渡，又はカード会社が立替払を行って求償権を有する関係に基づくものであることから，金銭債権の譲渡その他の承継の対価として，非課税取引に該当すると判断したものです。

　ここで，クレジット販売に係る加盟店契約では，一般的に，カード会社が商品代金債権を譲り受けて，その債権に基づき顧客から回収する契

約（債権譲渡契約）と，カード会社が商品代金を立替払し，その求償権に基づき顧客から商品代金を回収する契約（立替払契約）とがあります。債権譲渡契約による債権譲渡は，消費税法施行令10条3項8号に規定する金銭債権であると容易に判断できますが，立替払契約は金銭債権の譲渡とは法的に異なり，同号後段に規定する「その他の承継の対価」となるのかが問題となります。そこで，消費税法基本通達6-3-1《金融取引及び保険料を対価とする役務提供等》の（10）において「立替払に係る差益」を非課税となる金融取引の例として定めており，当裁判においても，「立替払は，弁済の一方法であるが，適法な立替払は，債務者に対する求償権を発生させ，弁済者は債権者に代位する点で，債権譲渡と同様の経済効果を有することから，これを非課税取引とする本件通達は，法の解釈として是認することができる」旨判示しており，立替払に係る差額となる場合の手数料も非課税となる金融取引に含まれることとなります。

　以上のとおり，クレジット手数料が非課税となる金融取引に該当するかどうかは，加盟店契約及び会員規約に基づく法的関係が債権譲渡等であるかどうかが判断ポイントとなります。

　なお，顧客がカード会社に支払う手数料は，割賦購入あっせんに係る手数料又は賦払金のうち利子に相当する額であり，消費税法施行令10条3項9号，10号により，非課税の金融取引となります。

第 3

輸出免税取引

1　制度の概要

　事業者が国内において課税資産の譲渡を行った場合に，それが輸出取引等に該当する場合には，消費税が免除されます（消法7①一）。

　輸出とは，関税法では内国貨物を外国に向けて送り出すことをいうと規定していますが（関税法2①二），消費税法では，サービスも課税の対象としていることから，サービスについても輸出免税の対象に含めています。

　輸出免税の対象となる取引は，いわゆる本来の輸出取引（消法7①一，二）と輸出類似取引（消法7①三，四，五）に大別できますが，いずれも輸出されることについての証明がされたものに限り適用されます（消法7②，消規5①）。

2　輸出免税の要件等

　イ　輸出免税の要件

　　資産の譲渡等のうち，輸出免税の規定が適用されるのは，次の要件を満たしているものに限られます（消法7①，消基通7-1-1《輸出免税の適用範囲》）。

　①　資産の譲渡を行う者が課税事業者（消費税法9条1項《小規模事業者に係る納税義務の免除》の規定により消費税を納める義務が免除される事業者以外の者）であること

　②　資産の譲渡等が国内取引に該当すること

　③　資産の譲渡等が消費税法31条1項及び2項《非課税資産の輸出等を行った場合の仕入れに係る消費税額の控除の特例》の適用がある場合を除き，課税資産の譲渡等であること

　④　資産の譲渡等が消費税法7条1項各号《輸出免税の範囲》に掲げる取引に該当すること

　⑤　資産の譲渡等が消費税法7条1項各号に掲げる取引に該当することにつき，証明がなされたものであること

ロ 輸出取引の範囲

　輸出免税の対象となる輸出取引等は国内における資産の譲渡等の
うち，次に掲げるものです（消法7①，消令17，消基通7-2-1《輸出免
税等の具体的範囲》）。

① 輸出として行われる資産の譲渡等又は貸付け（消法7①一）

② 外国貨物の譲渡又は貸付け（消法7①二）

③ 国際輸送，国際通信，国際郵便等（消法7①三，消令17②五）

④ 外国船舶等の譲渡，貸付け，修理（消法7①四，五，消令17①②）

⑤ 国際輸送用のコンテナの譲渡，貸付け，修理（消法7①五，消令17
②二）

⑥ 外航船舶等の水先等の役務の提供（消法7①五，消令17②三）

⑦ 外国貨物の荷役等の役務の提供（消法7①五，消令17②四）

⑧ 非居住者に対する無形固定資産等の譲渡，貸付け（消法7①五，消
令1②六）

⑨ 非居住者に対する役務の提供のうち次に掲げるもの以外のもの
（消法7①五，消令17②七）

　　i 国内に所在する資産に係る運送又は保管

　　ii 国内における飲食又は宿泊

　　iii i及びiiに掲げるものに準ずるもので，国内において直接便益
　　　を享受するもの

　輸出免税の取引に該当するかどうかについては，国内取引に該当する
ことが前提であることから，前記「第1 消費税の課税対象」（3頁）に
おける，国内において行われる取引であるかどうかと併せて判断する必
要がありますが，非居住者に対する役務の提供における輸出免税取引に
該当するかどうかについては判断の難しい点も多く，以下，この点につ
いて裁決事例に基づき解説します。

(1)　非居住者に対する役務の提供が輸出免税に該当するかどうかの判断ポイント

事例21　非居住者である外国法人の従業員を対象として国内で行う研修は，輸出免税取引に該当しないと判断された事例

〔平成15年4月24日裁決〕

裁決要旨

　本件セミナーは，本件外国法人の従業員に対して国内で行われる講義，現場実習，国内観光等であり，その代金には開催期間中の国内における食事代金，宿泊代金及び交通費が含まれ，いずれも国内で本件セミナーの参加者に対して行われる役務の提供であるから，日常生活において居住者，非居住者の区別なく同じサービスをするものか否かにかかわらず，国内飲食等に準ずるものに該当するものと認められ，また，本件セミナーは国内において実施され，かつ，国内において終了しているから，非居住者に対する国内における役務の提供であり，その便益を本件セミナーの参加者である従業員が国内で享受することにより本件外国法人が国内において直接享受するものとなり，役務の提供を享受した後の効果が国内で発現するものか否かを考慮する必要はなく，ともに国内において完結していると認められることから，本件セミナーは，消費税法施行令17条2項7号ハに該当し，輸出免税取引には該当しない。

解　説

　この事例は，非居住者である外国法人（国内に支店等を有しない。）の従業員に対して行ったセミナーの講義及び現場実習（国外に存する当該外国法人の工場等における現場改善及び生産性向上を目的としたもの）並びに国内観光等に対する対価が，消費税法上の輸出免税取引に該当するかどうか，具体的には，当該非居住者に対する講義等が，非居住者に対して行われる役務の提供のうち，輸出免税から除かれるものとして消費税法施行令17条《輸出取引等の範囲》2項7号のハに規定する「国

内に所在する資産に係る運送又は保管」(同号イ) 及び「国内における飲
食又は宿泊」(同号ロ) に準ずるもので,「国内において直接便益を享受
するもの」に該当するかどうかか争われた審査請求事件です。

　国税不服審判所は, 本件セミナー等の役務提供は, 国内における飲食
等に準ずる役務の提供であり, その提供される役務の提供が国内におい
て直接享受するものであると認定し, 輸出免税取引に該当しないと判断
しました。

　ここで, 消費税法における輸出免税の意義は, 外国に輸出される物品
等は, 輸出先の国において間接税が課されるので, 輸出される物品等に
対して我が国でも消費税を課すと間接税が二重に課されることになりま
す。そこで物品やサービスの消費について課される間接税は, 物品やサ
ービスが消費される国において課税することとし (消費地課税主義),
輸出される物品等については間接税の負担がかからないように国境税調
整をするのが国際的な慣行であり, 我が国の消費税においても国外に輸
出され消費される物品や国外において提供されるサービスについては消
費税の課税を免除するとともに, 課税仕入れに係る税額を仕入税額控除
の対象に含めることにより, 国内で課された消費税を排除する措置が講
じられています。

　このように事業者が国内において行う課税資産の譲渡等については,
消費税が課されるのが原則であり, そのために前記第1の「(1) 国内に
おいて行った取引であるかどうかの判断ポイント」(4頁) で解説したと
おり, 課税対象となる国内取引であるかどうかの内外判定によって, 消
費税が課税されるかどうかが判断されますが, 課税取引となる国内取引
に該当するとしても, 当該課税資産の譲渡等が消費税法7条《輸出免税
等》1項の輸出免税取引に該当する場合には消費税を免除することとさ
れています。

　そして, 消費税法7条1項では, 輸出免税に該当する取引として, 輸

出として行われる課税資産の譲渡又は貸付け及び外国貨物の譲渡又は貸付け並びに国内及び国外にわたって行われる旅客等を規定するほか，同条5項及び同項を受けた消費税法施行令17条2項において，輸出免税取引に類似する取引（輸出類似取引）を輸出免税取引としており，その輸出類似取引として，同項7号において，非居住者に対して行われる役務の提供で，国内に所在する資産に係る運送又は保管（同号イ）及び国内における飲食又は宿泊（同号ロ）並びにこれらに準ずるもので，国内において直接便益を享受するもの（同号ハ）を輸出免税取引に該当するものとして規定しています。

　一般的に，輸出免税の対象となる課税資産の輸出については，比較的判断が容易ですが，非居住者に対する役務の提供については，その便益の享受が国内か国外かといった点での判断が難しく，内外判定と併せ争訟として争われるケースも多くあります。

　この点，東京地裁平成28年2月24日判決（ **事例3** ）は，「消費税法7条1項5号の規定により委任された消費税法施行令17条2項7号に該当するか否かについて検討するに，同号ロは，非居住者に対して行われる役務の提供で，国内における飲食又は宿泊については，輸出免税取引に該当しない旨規定しており，同号ハは，非居住者に対して行われる役務の提供で，国内に所在する資産に係る運送又は保管及び国内における飲食又は宿泊に準ずるもので，国内において直接便益を享受するものについては，輸出免税取引に該当しない旨規定している。そして，同号ロ，ハが上記のものを，輸出免税取引から除外しているのは，これらによってもたらされる便益が国境をまたがずに，正に国内において享受（消費）されるものであり，輸出と捉え得るものではないという点にあることに加え，消費税が事業者から消費者に提供される物品，サービスの消費全体に広く税負担を求めるという租税であることに鑑みると，本件包括的役務の提供が同号ロ，ハにより輸出免税取引から除外されるか否か

は，役務の内容及び性質に照らし，当該役務の提供によってもたらされる便益が国境をまたがずに国内において直接享受（消費）されて完結するものであるか否かによって判断すべきである。」と判示しています。このことから，非居住者に対する役務の提供が輸出免税取引に該当するかどうかの判断ポイントは，消費税法における輸出免税の趣旨により，国内における消費やサービスの提供と同様に，国内において享受が完結する，つまり役務の提供を受ける目的が国内で達成され，又は終結する役務の提供であるかどうかによって判断すべきものと考えられます。

　具体的には，国内での運送，保管又は飲食，宿泊のほか，①国内での理容又は美容，②国内での医療又は療養，③国内の劇場，映画館等での観劇，鑑賞，ゴルフ場その他の施設の利用，④国内間での電話，郵便又は信書便，⑤国内施設等での教育，訓練，研修などが該当し，国内で開催される展示会への国外事業者の出店手配・来場者対応等及び国内に所在する資産についての売買の仲介，斡旋並びに国内で発行する雑誌への広告掲載などは輸出免税取引に該当しないこととなります。一方，国外事業者からの依頼による国内市場の情報の提供は，情報提供の効果が国外にも及ぶものであり，国内において直接便益を享受するものではないことから，輸出免税類似取引に該当することになります。

第4

小規模事業者免税点制度

1　免税事業者

　事業者のうち，その課税期間の基準期間（個人事業者についてはその年〔課税期間〕の前々年，法人についてはその事業年度の前々事業年度）における課税売上高が1,000万円以下である者は，その課税期間の消費税の納税義務が免除されます（消法9①）。この納税義務を免除される事業者のことを一般に免税事業者といいます。

2　課税事業者の選択

　免税事業者に該当する事業者であっても，輸出業者のように売上げに係る消費税額が仕入れに係る消費税額を下回り，課税事業者であれば経常的に還付が発生する事業者や建物等の設備投資によって多額の仕入れに係る消費税額の支払が生じる事業者については，仕入れに係る消費税額の還付を受けるために，この納税義務の免除の規定の適用を受けずに課税事業者になることを選択する制度が設けられており（消法9④），この制度を課税事業者の選択の特例といいます。

　なお，課税事業者となることを選択する事業者は，原則として，選択を受けようとする課税期間の開始の日の前日までに，「課税事業者選択届出書」を所轄税務署長に提出しなければなりません（消法9④）。

3　納税義務の免除の特例

　納税義務の判定には，基準期間における課税売上高によるほか，次のような特例があります。

　　イ　特定期間（前年又は前事業年度の半年間）の課税売上高（又は給与等の金額）による判定（消法9の2）

　　ロ　相続があった場合の特例（消法10）

　　ハ　合併があった場合の特例（消法11）

　　ニ　分割等があった場合の特例（消法12）

　　ホ　新設法人の特例（消法12の2）

　　　　新設法人とは，基準期間のない法人のうち，事業年度開始の日に

おける資本金の額が1千万円以上である法人をいいます。

　ヘ　特定新規設立法人の特例（消法12の3）

　　　特定新規設立法人とは，基準期間のない法人のうち，上記新設法人以外で，新規開設日において，他の者（基準期間相当期間の課税売上高が5億円超）により支配（株式保有割合50％以上）されるなどの特定要件に該当する法人をいいます。

　ト　高額特定資産を取得した場合の特例（消法12の4）

　　　高額特定資産とは，税抜きの取得価額が1,000万円以上の棚卸資産又は調整対象固定資産等をいいます。

　チ　調整対象固定資産を取得した場合の特例（消法9⑦，12の2②，12の3③）

　　　調整対象固定資産とは，税抜きの取得価額が100万円以上の固定資産をいいます。

　小規模事業者については，納税事務負担の面から消費税の納税義務が免除されるのですが，消費税の申告要否の判断だけでなく，輸出業者や建物取得のような設備投資の場合には，仕入れに係る消費税額の還付を受けるために課税事業者を選択する必要があります。そのため，免税事業者であるかどうかの判断は重要であり，以下，その判断に参考となる事例を解説します。

---

(1)　免税事業者の基準期間における課税売上高の判断ポイント

事例22　免税事業者の基準期間に係る課税売上高には控除すべき消費税額はないと判断された事例
〔東京地裁平成11年1月29日判決，東京高裁平成12年1月13日判決，最高裁第三小法廷平成17年2月1日判決〕

> **東京地裁判決要旨**
>
> 　消費税は，生産から流通を経て消費に至る過程における事業者による商品の販売，役務の提供等の各段階に課税し，最終的消費に広く薄く負担を求めるという性質を有するところから，順次，円滑かつ適正に転嫁されることが予定されている（税制改革法10②，11①）ところ，ここでいう事業者から免税事業者は除外されていないが，転嫁とは自分の責任や負担を他の者の責任や負担とすることであるから，自己に課されるべき消費税に相当する額を課税資産の譲渡等の相手方に負担させることにほかならず，税制改革法11条も課されない消費税の転嫁を予定するものではなく，消費税法6条の規定により非課税とされる資産の譲渡等あるいは免税事業者の行う資産の譲渡等に含まれる価格の増加分については，これに課される消費税，ひいては転嫁されるべき消費税は存在しないというべきである。

解　説

　この事例は，消費税の課税事業者に該当するかどうかの判定を行うための基準期間における課税売上高の計算において，免税事業者であった基準期間の総売上高から消費税額を控除した額（いわゆる税抜金額）が，判定する課税売上高であるかどうかが争われた事件です。

　東京地裁は，免税事業者が行った課税資産の譲渡等には課される消費税額が存在しない以上，売上総額から控除すべき消費税額に相当する額も存在しないことから，免税事業者であった基準期間の総売上高から消

費税額を控除した金額（税抜金額）により課税売上高を判定するのでは
ないと判断しました。

　その年（事業年度）が免税事業者に該当するかどうかは，2年（期，
以下同）前である基準期間の課税売上高により判定します。すなわ
ち，2年前となる基準期間における課税売上高が1,000万円を超えると
消費税の課税事業者と判定されます。そのため，事業開始後の3年
（期）目に課税事業者になるかどうか，また，1,000万円前後の売上高で
推移している事業者にとっては，前々年（前々事業年度）の課税売上高
は課税事業者に該当するかどうかの重要な判断基準であり，現在の消費
税率が10％であることからも，免税期間における判定対象となる課税売
上高が消費税額抜きの額であるかどうかは，課税事業者に該当するか否
かの判定に大きく影響する問題です。

　一般に，免税事業者においても，課税事業者と同じように，消費税額
を上乗せした価格での売上げを行っている（公正取引委員会において
も，免税事業者が消費税相当額を加えた価格設定を許容している。）こ
と，仕入れの際に消費税を負担していること及びそれらの差額が益税と
して申告義務を免除されているものと考えられていることなどから，消
費税額を除いた額（売上総額を消費税率で割り戻した額）を課税売上高
として課税事業者となるかどうかを判定することが，開業間もない中小
事業者などで多くみられます。

　しかしながら，当裁判で判示するとおり，納税義務の免除を定めた消
費税法9条《小規模事業者に係る納税義務の免除》は，「消費税法第5条第1
項（納税義務者）の規定にかかわらず」と，同項で規定する課税資産の
譲渡等について消費税を納める義務を免除すると規定し，免税事業者に
おける課税資産の譲渡等には課される消費税が存在しないと判断してい
ます。つまり，小規模事業者における納税事務負担を軽減する趣旨によ
り，免税事業者の課税資産の譲渡等には消費税を課さない（発生させな

い）のですから，課税取引における課されるべき消費税が発生しない以上，課税売上高の計算において税抜き計算もあり得ないとのことです。

　以上のとおり，基準期間における課税売上高について，売上総額の税抜金額で判定するかどうかの判断ポイントは，当該基準期間が課税事業者であるかどうかによって判断することに注意が必要です。

　このように，その年（事業年度）が免税事業者に該当するかどうかの判定に当たっては，2年前である基準期間の課税売上高により判定することとなるのですが，その基準期間における課税売上高の計算においても，その基準期間が免税事業者か又は課税事業者かどうかによって税抜き計算により計算するかどうかが異なることとなります。このため，筆者が大阪国税局で消費税の執行を担当していた際にも経験した調査事例でもありますが，免税点前後の売上総額で推移する事業者においては，その年（事業年度）の判定において，その基準期間（2年前）における基準期間（4年前）のそのまた基準期間（6年前）といった，何年も基準期間を遡って判断しなければならない場合もあり得るということとなります。

---

(2)　免税事業者に対する更正処分等の適法性の判断ポイント

事例23　消費税の納税義務者でない者に対して行われた更正処分及び加算税の賦課決定処分が適法であると判断された事例

〔京都地裁平成15年7月10日判決，大阪高裁16年9月29日判決（確定）〕

大阪高裁判決要旨

　還付申告の時点では，具体的な納税義務はないものの，還付金の額を確定する前提としての観念的・抽象的な納税義務はあり，これが更正処分により，還付金が減少されたことにより，納税義務が具体化したもの

　というべきであるから，申告時点においても，納税者は納税義務を負っ
　ている，すなわち国税通則法 2 条 5 号（定義）及び65条 1 項（過少申告
　加算税）の「納税者」に該当するものと認めるのが相当である。

[解　説]

　この事例は，消費税の納税義務者でない者が行った消費税の還付申告
（消費税法46条（還付を受けるための申告）による消費税の申告義務がない
者の還付請求申告）について，当該還付申告は仮装行為に基づくもので
あり，課税仕入れの事実はなく還付を認めないとして行われた更正処分
及び重加算税の賦課決定処分について，納税義務者を前提とする更正処
分，更には重加算税の賦課決定処分が適法であるかどうかが争われた事
件です。

　第 1 審の大阪地裁では，更正処分は適法であると判断したものの，重
加算税の賦課決定処分については，消費税還付申告の時点においては納
税義務者ではなく，重加算税の賦課（通則法68）の前提である過少申告
加算税を定めた国税通則法65条（過少申告加算税） 1 項に規定する「納税
者」には当たらないとして，重加算税の賦課決定処分を違法と判断しま
した。しかしながら，その控訴審である大阪高裁においては，「納税
者」に該当するものと認めるのが相当であると判断して原審判決を取り
消し，重加算税の賦課決定処分を適法と判断しました。

　この事例は，課税売上高がなく消費税の申告義務がない者が仕入れに
係る消費税額の控除不足額の還付を受けるための還付請求申告をしたも
のですが，免税事業者についても同様に消費税法上の申告及び納税の義
務はありません。ところが，そのような申告及び納税義務のない免税事
業者等から還付申告があった場合に，その還付申告を認めないとして更
正処分及び加算税の賦課決定処分を行うことができるのかどうか，ま
た，既に還付を行っている場合に，減額（税額 0 円）の更正処分に基づ

き徴収ができるのかどうか，つまり納税義務者を前提として規定する国税通則法又は消費税法の規定に基づく更正処分や加算税の賦課決定処分が，納税義務のない者に対しても行えるかどうかといった問題が，消費税導入直後に筆者が大阪国税局で消費税の執行を担当していた当時に発生しました。法文解釈からは更正処分等は行えず，既に還付している場合においては，不当利得として返還請求により返還を求めなければならないといった意見や，誤納による還付請求に基づき行った国税（申告納税義務のない間接国税であったと思われます。）の還付金について，不当利得の返還請求の手続きにより返還を求めていた事例などもありました。しかしながら，消費税においては，導入後，納税義務の判定誤り等により多くの免税事業者からの還付申告が発生した場合に，不当利得の返還請求に基づき処理することは，消費税の執行に大きな支障を及ぼすとの考えからも，納税義務のない者であったとしても，納税又は還付があるとして，納税義務者としての立場で申告を行った場合には，消費税法に規定する納税義務者として更正処分等による是正及び加算税の賦課決定処分ができるとの，消費税法等の趣旨解釈に基づく判断を下して，税務署職員へ指示したものでした。

　しかしながら，この判断については異論もあり，後日の司法判断に委ねるものでしたが，筆者が担当を離れて数年後の当事件の第1審の大阪地裁において，更正処分については適法と判断されたものの，加算税の賦課決定処分については，法文上の「納税者」に該当しないとして違法な処分と判断され，税法学者からも当判決の評釈等において，更正処分を含め法文解釈上も「納税者」に当たらないとの批判がありました。それが，控訴審の大阪高裁においては，消費税導入直後の我々の判断に沿った解釈によって，適法と判断され確定したものです。

　以上のとおり，法文上は解釈しづらい規定ではありますが，納税義務者でない者ないしは免税事業者であっても，課税事業者と同様に更正処

分及び加算税の賦課決定処分が適法に行われるのですから，免税事業者
に該当するかどうかの判断は，十分注意して行う必要があります。

第5

資産の譲渡等の時期

　事業者が国内において行う資産の譲渡等及び特定仕入れに係る消費税の納税義務は，課税資産の譲渡等（特定資産の譲渡等を除く。）又は特定課税仕入れをした時に成立する（通則法15②七）と規定されています。消費税の申告や納税は，課税期間ごとに行いますが，所得税や法人税のような暦年又は事業年度の終了の時に納税義務が成立する期間損益（所得）に課税する税とは異なり，資産を譲渡した時，資産を貸し付けた時及び役務の提供を行った時に納税義務が成立することとなります。

　この場合の資産の譲渡等（又は特定仕入れ）の時期についての一般的な規定は定められていませんが，原則として，その取引の態様に応じた資産の引渡しや役務の提供の時となり，例示すると以下のとおりとなります。

1　棚卸資産の販売又は固定資産の譲渡

　原則として，その引渡しの日となります。

　なお，この場合の引渡しとは，法律的には占有権の移転を意味し，具体的には当事者の一方がその所持，すなわち実力的な支配に係る物を他の一方の実力的な支配に移転させることをいいます（大審院大正9年12月27日判決）。ただし，これは事実判断に属する問題であり，広く企業会計原則において採用されている出荷基準，検収基準，検針日基準等に基づき，具体的事情に応じて判断することになります。

2　資産の貸付け

　原則として，貸付けの日となります。

　なお，契約や慣習などにより支払日が定められている場合は，その定められた日となります。

3　役務の提供

　請負による役務の提供の時期は，原則として，物の引渡しを要する請負契約にあっては目的物の全部を完成して引き渡した日，物の引渡しを要しない請負契約にあってはその約した役務の全部の提供を完了

した日となります。

　なお，電子通信回線（インターネット等）を介して，国内の事業者・消費者に対して行われる電子書籍・広告の配信等のサービスの提供（電気通信利用役務の提供）については，平成27年10月1日以降，国外から行われるものについても消費税が課されることとなり，国外事業者が行う電気通信利用役務の提供のうち，事業者向け電気通信利用役務の提供（例：広告の配信）を受けた場合の納税義務の成立は，その事業者向け電気通信利用役務の提供を受けた時となります。

4　延払基準等

　リース譲渡で延払基準を適用している場合や工事の請負等で工事進行基準を適用している場合には，その基準に従って売上げを計上する日とすることができます。

　なお，課税資産の引渡しや役務の提供が行われる前に，前受金の収受が行われた場合には，前受金の収受の時にかかわらず，現実に課税資産の引渡しや役務の提供等をした時が課税資産の譲渡等をした時となり，また，未収金についても代金決済の時期に関係なく，課税資産の引渡しや役務の提供をした時が課税資産の譲渡等をした時になることに留意する必要があります。

　所得税や法人税のように暦年又は事業年度の終了の時に納税義務が成立する期間損益（所得）に課税する税と異なり，消費税は各取引段階における転嫁を予定しているため，消費税においては，各取引における資産を譲渡した時，資産を貸し付けた時及び役務の提供を行った時を具体的事実に基づき判断することとなります。ただし，消費税についても原則として，所得税や法人税の所得金額の計算上，用いられる収益の認識基準による資産の譲渡等のあった時期と同一とする取扱いのあることを踏まえ，消費税独自の判断において問題となる不動産等の固定資産の譲渡の時期に係る事例について解説します。

(1)　固定資産の譲渡等における引渡し時期の判断ポイント

事例24　購入した建物の課税仕入れを行った日は譲渡契約締結日ではなく引渡しの日であると判断された事例

〔東京地裁平成31年3月15日判決，東京高裁令和元年9月26日判決，最高裁令和2年10月23日上告等棄却（同種裁判多数あり）〕

東京高裁判決要旨

1　通則法15条2項7号は，消費税等の納税義務は，課税資産の譲渡等をした時に成立する旨定めているところ，消費税法28条1項本文が，課税資産の譲渡等に係る消費税の課税標準について，課税資産の譲渡等の対価の額（対価として収受し，又は収受すべき一切の金銭又は金銭以外の物若しくは権利その他経済的な利益の額…）としており，現実に収受した金銭等のみならず，収受すべき金銭等もこれに含めていることからすると，資産の譲渡等について，その対価が現実に収受されるに至らなくても，これを収受すべき権利が確定したときに消費税の課税対象とされると解するのが相当である。

2　資産の譲渡等による対価を収受すべき権利が確定したといえるか否かについて，客観的に認識可能な事情を基礎として判断することは，納税者の恣意を許さず，課税の公平を期するという観点にも合致する。この意味において，消費税についても，いわゆる権利確定主義が妥当する。そうすると，消費税法30条1項1号にいう「課税仕入れを行った日」とは，仕入れの相手方において，資産の譲渡等について，同時履行の抗弁などの法的障害がなくなり，対価を収受すべき権利が確定した日をいうものと解するのが相当であり，このように解することが，取引段階の進展に伴う税負担の累積を防止するという仕入税額控除の制度趣旨に合致するものである。

3　建物の売買契約においては，売買代金全額の支払と建物の引渡し及び所有権移転登記手続が同時履行とされ，実際に平成25年7月31日にこれらの履行がされており，固定資産税の負担及び収益の帰属も同日の経過をもって売主から買主に移転するものとされているのであっ

て，売買契約の締結日である同年6月28日の時点では，売買代金支払
請求権が発生したものの，売主においてこれを行使することが法律上
可能な状態にはなかったことからすると，対価を収受すべき権利が確
定したのは，同年7月31日の時点であると認められる。したがって，
資産の譲受けに係る「課税仕入れを行った日」は，平成25年7月31日
であって，本件課税期間に属するとは認められない。

解　説

　この事例は，建物の取得に係る課税仕入れの時期について，当該建物
等を資産計上の経理処理（相手科目を未払金）を行った売買契約の締結
日（平成25年6月28日）か，所有権移転登記及び代金支払等を行った現
実の引渡し日（平成25年7月31日）かが争われた事件（課税期間の終了
日は平成25年6月30日）です。

　原告は，消費税法基本通達9-1-13《固定資産の譲渡等の時期》ただし
書において，「固定資産の譲渡の時期は，別に定めるものを除き，その
引渡しがあった日とする。ただし，その固定資産が土地，建物その他こ
れらに類する資産である場合において，事業者が当該固定資産の譲渡等
に関する契約の効力発生の日を資産の譲渡の時期としているときは，こ
れを認める。」と，土地，建物については，契約の効力発生の日を資産
の譲渡の時期に選択適用できる旨を定めていること及び「契約の効力発
生の日」が一般に契約締結日であると解され，所得税や法人税における
資産計上の時期についても同様に取り扱われていることを根拠として，
資産計上した契約締結日が課税仕入れを行った日であると主張しまし
た。

　東京高裁は，消費税における資産の譲渡等の日の判断においても，い
わゆる権利確定主義が妥当するとした上で，消費税法30条《仕入れに係る
消費税額の控除》1項1号にいう「課税仕入れを行った日」とは，仕入れ
の相手方において，資産の譲渡等について，同時履行の抗弁などの法的

障害がなくなり，対価を収受すべき権利が確定した日をいうものと解するのが相当であり，この事件の建物の売買契約においては，売買代金全額の支払と建物の引渡し及び所有権移転登記手続が同時履行とされ，実際に平成25年7月31日にこれらの履行がされており，固定資産税の負担及び収益の帰属も同日の経過をもって売主から買主に移転するものとされていること，更に，売買契約の締結日である同年6月28日の時点では，売買代金支払請求権が発生したものの，売主においてこれを行使することが法律上可能な状態にはなかったことからすると，対価を収受すべき権利が確定したのは，同年7月31日の時点であると認められ，資産の譲受けに係る「課税仕入れを行った日」は，平成25年7月31日（当該課税期間の翌課税期間の日）であるとして，当該建物に係る仕入税額控除は認められないと判断しました。

　この事例の取引は，消費税の還付を目的としたいわゆる消費税還付スキームであり，特定の企画者（消費税還付等の不動産投資に関わる税務を専門的に扱っていた税理士）の指導，斡旋等により，本来消費税の還付が受けられない居住用賃貸建物等の取得において，東京国税局管内をはじめ，大阪国税局及び福岡国税局管内の多くの事業者が消費税の還付申告を行っていました。

　この消費税還付スキームの内容を概説すると，設立後の短い課税期間（事業年度）に，年換算で1,000万円超となるよう金地金の売買（ほぼ同額の売買）を数日間で行った合同会社等の法人を設立しておき，同社を利用した分割設立によって，課税事業者の選択届出を行わずに課税事業者となる法人を設立させ，当該法人においても，金地金の数日間による売買により課税売上割合を100％とした上で，期末直前の日に居住用賃貸建物等の取得に係る契約を締結するとともに，建物を資産計上する経理処理を行ったことにより，消費税法基本通達9-1-13ただし書の定めを適用し，当該建物の資産計上をした契約締結日を「課税仕入れを行っ

た日」として多額の消費税の還付申告が行われていたものでした。しか
しながら，各所轄税務署における更正処分を受けることとなり，その後
の審査請求を経て，東京地裁のほか，大阪地裁及び神戸地裁での訴訟提
起に至ったものでした。

　これは，筆者が大阪国税局の主任国税訟務官として担当した事例であ
り，各局に跨る等重要な事案として各国税局の国税訟務官及び法務省，
国税庁と共同で訴訟遂行した事件でした。この事件で特に争点となった
のが，消費税法基本通達9-1-13に定める建物等の固定資産の取引にお
ける契約締結日の選択適用についてでした。

　同通達ただし書の「土地，建物その他これらに類する資産である場合
において，事業者が当該固定資産の譲渡等に関する契約の効力発生の日
を資産の譲渡の時期としているときは，これを認める。」との文言は，
建物等固定資産については，契約締結日に資産計上している場合には，
消費税における資産の譲渡等の日として事業者における任意の選択適用
を認める取扱いとも取れる文言となっています。そして，法人税の取扱
いを定める法人税基本通達2-1-14《固定資産の譲渡による収益の帰属の時
期》においても，固定資産の譲渡に係る収益の額は，その引渡しがあっ
た日の属する事業年度の益金に算入するのを原則とする旨定めるもの
の，「ただし，その固定資産が土地，建物その他これらに類する資産で
ある場合において，法人が当該固定資産の譲渡等に関する契約の効力発
生の日の属する事業年度の益金の額に算入することとしている場合に
は，これを認める。」（平成30年の改正前の旧通達）と，上記消費税法基本
通達と同様の取扱いが消費税導入以前から定められており，市販の解説
書籍等においても，法人税における収益の計上時期については，法人の
任意選択ができるように解説しているものも多く存在し，控訴人（原
告）からもその旨が主張されていました。

　このことから，法人税における収益計上の基礎とする公正処理基準と

消費税における資産の譲渡等の時期が異なった解釈となるのかどうか，建物等の固定資産については例外的に事業者の任意選択を認めるのかどうかといった当該通達ただし書に係る消費税法の法的解釈が問題となりました。

　また，国税不服審判所の裁決においては，当該消費税法基本通達9-1-13ただし書の適用について，「請求人による一連の行為は，本件不動産の売買代金に係る消費税等の額の大部分の還付を受けるためだけに恣意的に行ったものであると認められる。また，請求人が，消費税等の還付を受けるためだけの目的で，ほかに合理的な理由が存在しないにもかかわらず，あえて経理処理を行って恣意的に本件通達ただし書を適用して消費税等の多額の還付を求めたことは，租税負担の公平を著しく害する特段の事情がある場合に当たるというべきであるから，本件において，本件通達ただし書の適用は認められない。」と，「引渡しがあった日」の判断に当たっては，引渡しという具体的事実を重視し，その取引に係る経済的効果の実現，すなわち経済的実質から見た支配関係の変化にその基礎をおいて判断するのを原則とする旨示すものの，当該通達ただし書についての法的解釈には言及せず，租税負担の公平を著しく害する特段の事情がある場合には，当該通達ただし書は適用できないとの判断によって請求人の審査請求を棄却しました。

　しかしながら，大阪高裁においては，国側主張に沿って，「消費税法30条1項1号にいう『課税仕入れを行った日』とは，仕入れの相手方において，資産の譲渡等について，同時履行の抗弁などの法的障害がなくなり，対価を収受すべき権利が確定した日をいうものと解するのが相当であり，このように解することが，取引段階の進展に伴う税負担の累積を防止するという仕入税額控除の制度趣旨に合致するものである。」と，資産の譲渡等の時期の判断において，その対価を収受すべき権利が確定した時，いわゆる権利確定主義の考えに基づくものであるとの判断

に基づき，上記判決要旨3のとおり，対価を収受すべき権利が確定した
平成25年7月31日を資産の譲受けに係る『課税仕入れを行った日』であ
ると判断したのです。

　そして，当該通達ただし書の法的解釈に当たっては，「固定資産の譲
渡等については，通常，その引渡しの事実があれば，その対価の支払を
受けるのに法的障害がなくなり，対価を収受すべき権利が確定したとい
えることから，引渡日をもって『課税仕入れを行った日』とすることを
原則としつつ，契約内容によっては，契約の効力発生日の時点で，対価
を収受すべき権利が確定したといえる場合もあることから，そのような
場合には契約の効力発生日をもって『課税仕入れを行った日』とするこ
とを認める趣旨であると解される。」と判示しました。このことは，権
利確定主義による判断を前提とした上で，固定資産の譲渡等について
は，一連の取引事実からは対価を収受すべき権利が確定したといえる日
が明らかとならない場合に，売買契約の効力発生日（締結日）の時点に
おいて対価を収受すべき権利が確定したというべき実態によって契約締
結日を課税仕入れを行った日としているときは，それを認める趣旨の取
扱いであり，事業者の任意の選択を認めるものではない旨判示しまし
た。

　棚卸資産の場合には，占有権の移転など，引渡しのあった日が客観的
に明らかである場合が多いものの，建物等固定資産の場合には，一般的
にその引渡しの事実関係が会計上明らかでないことが多く，契約から所
有権の移転登記，代金支払など一連の取引事実の中で，いつ現実の引渡
しがあった日といえるか，つまり，対価を収受すべき権利が確定した日
がいつであるかの判断においては，契約上どのような内容が記載されて
いるかということだけではなく，代金の支払に関する約定の内容及び実
際の支払の状況，登記関係書類や建物の鍵等の引渡しの状況，危険負担
の移転時期，当該不動産から生ずる果実の収受権や当該不動産に係る経

費の負担の売主から買主への移転時期，所有権の移転の登記の時期等の
取引に関する諸事情を考慮し，当該不動産の現実の支配が移転した日を
「課税仕入れを行った日」と判断することとなり，その一連の取引事実
からは引渡し日が判断できない場合の例外（地上げ目的等のため登記省
略により現状有姿での不動産売買などが該当するものと思われます。）
として，同通達ただし書の適用もあり得るのであって，事業者の任意選
択を認めたものではないということです。

　ここで，建物等固定資産における引渡し日の判断が法人税と消費税で
は異なるのかといった点についてですが，消費税における資産の譲渡等
の時期は，あくまでも所得税や法人税の所得金額の計算上，用いられる
収益の認識基準による資産の譲渡等のあった時期とされており，所得税
法又は法人税法において総収入金額又は益金の額に算入すべき時期につ
いて，別に定めがある場合にはそれによることができる（消基通9-6-2
《資産の譲渡等の時期の別段の定め》）こととされています。このことは，法
人税が，別段の定めがあるものを除き，一般に公正妥当と認められる会
計処理の基準（公正処理基準）に従った，権利確定主義を採用した収益
の計上時期によっていることとも適合することから，その判断となる引
渡しがあった日は同一の日となります。

　しかしながら，所得税や法人税が期間損益による所得に課され，その
成立は，その年又は事業年度の終了の時であり，そのため費用収益の原
則に基づいた処理を原則としているのに対し，消費税が費用収益の原則
とは関係なく，各資産の譲渡等の時期に成立する税であること，また，
法人税における企業会計原則においては，継続性の原則や重要性の原則
による合理的な範囲での法人による会計処理を認めている現状からする
と，私的見解ながら，今後，特に令和5年10月の適格請求書等保存方式
（インボイス制度）の導入以後の事業者間の取引等においては，厳格な
判断が求められる（消費税の資産の譲渡等の時期の判断に法人税におけ

る資産計上等の会計処理を併せなければならない）場面もあるのではないかと思われます。なお，当判決では判断は示されていませんが，この事例における法人税法の適用に係る当該建物の資産計上の時期についても，権利確定主義の判断からは適切でなかったといえるものです。

　なお，この事件においては，請負による役務の提供の時期についても争われていました。すなわち，司法書士に対する当該不動産の登記申請に係る役務の提供の対価における「課税仕入れを行った日」となる当該役務の提供の日について，控訴人（原告）は，登記申請に必要な書類及び登録免許税の金銭を交付し，確定した報酬金額で登記申請を委任した日（平成25年6月28日），つまり準委任契約が成立した日であると主張しました。

　東京高裁は，役務の提供における「課税仕入れを行った日」とは，「当該役務の提供等による対価を収受すべき権利が確定した日」であると判示した上で，「これらの役務の提供に関する契約の性質は準委任であると解されるから，本件司法書士において報酬を請求することができるのは委任事務の履行が完了した平成25年7月30日以降であるところ（民法656，648②），実際に控訴人から本件司法書士に対して報酬の支払がされたのも同日である。」と，当該不動産の登記申請に係る役務提供の全部が完成した日（平成25年7月31日）であると判示し，委任による役務の提供について，その約した役務の全部の提供を完了した日であると判断しました。

　ところで，この事例についての解説は，東京高裁の判決内容に基づくものですが，第1審の東京地裁判決では，原告の請求を棄却したものの，消費税における資産の譲渡等の時期は，法人税や所得税における権利確定主義の考え方によるものとまではいえず，原則として，当該資産に係る権利（所有権）が移転した時をいうものと解するのが相当であるとし，同通達ただし書の定めは，契約によって，別途権利（所有権）の

移転日を定めている場合には，これによる旨を定めたものであると判示しました。つまり，資産の引渡しに関する事実関係が客観的に明らかな場合であっても，契約当事者において契約締結日に権利（所有権）を移転する日として定めることによって固定資産の引渡しの日を特定することができる旨を定めたものであるとして，この点における国側の主張を排斥したのですが，控訴審判決において，当該判示の部分が誤った判断であるとして変更されたものです。

　同種他の事件における第1審判決では，この点について異なった判断が示された判決もありましたが，いずれの控訴審判決においても，この事例と同様の判断が示され，最高裁への上告（及び受理申立て）も棄却され，同控訴審判決が確定しています。

　（注）　令和2年度税制改正において，居住用賃貸建物の課税仕入れ等に対する仕入税額控除制度の不適用措置によって，この事例のような居住用賃貸建物等の取得に係る消費税還付のスキーム事案への対応措置が図られています。

第6

課税標準

　課税資産の譲渡等に係る消費税の課税標準は，課税資産の譲渡等の対価の額とされ，また，特定課税仕入れに係る消費税の課税標準は，特定課税仕入れに係る支払対価の額とされています（消法28）。この場合の課税標準とされる「対価の額」とは，原則として事業者が課税資産の譲渡等につき対価として収受し又は収受すべき一切の金銭又は金銭以外の物若しくは権利その他経済的利益の額をいい，課されるべき消費税額及び地方消費税に相当する額を含まない額とされ（消法28①），実際の取引当事者間で収受された金銭等の対価の額をいいます。すなわち消費税が消費に担税力を認めて課税するものですから，当該対価の額は，消費者の担税力の測定の根拠となるべき消費行動について実際に負担した金額をいい，当該課税資産の譲渡等の通常の取引価格（時価）ではありません。

　一方，法人税においては，合理的経済人の行動を基に所得金額を把握することであるため，譲渡した物品の価格（時価）を収益の額に計上することになり，この点では消費税と法人税には大きな違いがあります。

　ただし，法人の役員に対する低額譲渡若しくは贈与又は個人事業者の家事消費等については，その資産の譲渡又は消費等の時におけるその資産の価格（時価）により譲渡があったものとみなすこととされています（消法4⑤，28①ただし書，28③）。

　消費税の課税標準額となる資産の譲渡等の対価の額については，消費税が取引ごとの転嫁を予定している税であることから，原則として，取引当事者間において取り決めた，その譲渡等の対価の額であり，消費税法が規定する「収受し又は収受すべき」額とされています。ただし，この譲渡等の対価の額の判断については，材料支給に伴う対価の額や補助金，負担金などの通常譲渡等の対価の額ではない額が含まれる取引金額について判断の難しい点も多く，以下，その判断ポイントについて解説します。

(1) 原材料等の支給による加工等の場合における課税売上高の判断ポイント

事例25 原材料部品の有償支給を受けて行った完成品の販売について，完成品の対価全部が課税標準額になると判断された事例
〔静岡地裁平成 9 年10月24日判決，東京高裁平成10年 4 月21日判決，最高裁平成10年11月 6 日上告等棄却〕

静岡地裁判決要旨

　消費税法上の課税財産の譲渡の意義は，私法上用いられる譲渡と区別して用いられるべき理由もないことから，これと同義に理解するのが相当である。すると，取引の実質に照らして，当事者間で客観的に所有権の移転を目的とする有償の合意があったと見られれば，原則としてこれによって所有権が移転し，消費税法上の譲渡もあったものと認められる。

解　説

　この事例は，簡易課税制度を適用している電気メッキ業を営む法人（原告）が，メッキ加工を施すための原材料である部品を発注者から有償により支給を受け，加工を施して納品（完成品の売上げ）した場合に，消費税法における課税売上高（課税標準額）は，完成品の売上代金か，有償支給の部品代金を除いた加工賃相当額かが争われた事件です。

　静岡地裁は，取引の実態に照らして，当事者間で客観的に所有権の移転を目的とする有償による譲渡の合意があったかどうかにより判断すべきであり，この実態では，発注者が，原告にメッキ加工を依頼する取引において，原材料部品を売り渡し，加工後の完成品を買い受ける認識に立ち，支給済みで未だ完成品の納入がない部品については決算の在庫に計上していない等，当事者の客観的な意思は，発注業者が一旦原告に原材料部品を売り渡し，その上でメッキ加工をすべきことを依頼し，原告

は加工が終わった部品を再び発注者に売り渡す趣旨であるとし，所有権の移転を目的とした売買契約の取引であると判断しました。

　ここで，事業者が，他の事業者から原材料等の支給を受けて加工等を行い，その加工等を行った製品をその事業者に引き渡す場合の契約には，製造販売契約の方式により原材料等の有償支給を受ける場合と賃加工契約の方式により原材料等の無償支給を受ける場合とがあります。前者の製造販売契約の方式の場合は，加工等を行った製品の譲渡等の対価の額が課税資産の譲渡等の対価の額となり（完成品等の販売対価に有償支給された原材料等の対価の額を含めて収入又は収益に計上する。），後者の賃加工契約の方式の場合は，加工等を行ったことによる役務の提供の対価の額を課税資産の譲渡等の対価の額とする（賃加工収入のみを収入又は収益に計上する。）ことになります（消基通1-4-3《原材料等の支給による加工等の場合の課税売上高の計算》）。このことから，原材料等の有償支給を受けて加工等を行い，その加工等を行った製品を引き渡す場合には，原則として，有償支給された原材料等の対価の額を含めた加工後製品の譲渡等の対価の額を課税売上高として認識することとなるのです。しかし，原材料等の支給による加工等の場合において，その取引が製造販売契約によるものかあるいは賃加工契約によるものかは，この事例で判示するとおり，取引の実態に照らし，当事者間で客観的に所有権の移転を目的とする有償の合意があったかどうかにより判断する，つまり経済取引における当事者間の選択として，支給原材料等を有償による売買（所有権の移転）とする合意に基づく取引であるどうかが判断ポイントとなります。

　一般的に，事業者が下請企業に外注加工を依頼する場合，納入された製品などの品質管理，生産高の調整及び生産コストの低減等を図るため，下請企業に原材料及び半製品を有償若しくは無償で支給するのが通常です。この場合，企業の経営方針によって有償にするか否か，また，

その支給単価も異なります。しかし，いずれも発注品の品質の確保，生産計画の達成及び機密保持のため，支給を受けた原材料及び半製品を下請企業が許可なく処分することを禁止しており，このため在庫数量等の報告，棚卸しの実地確認等を行っているのが通常です。また，企業によっては高価な原材料及び半製品について，下請企業に有償で支給することによって，その管理責任及び企業の金利負担の軽減等を図る場合もありますが，品質の確保等から同様な制約を科している場合もあります。更に，加工業者が依頼者の依頼により依頼者のものを加工した場合は，そのものの所有権は依頼者に帰属するのですが，工作によって生じた価格が材料の価格を著しく超える場合及び加工業者が材料の一部を供したときにおいて，依頼者の材料の価格に加工によって生じた価格を加えたものが，依頼者の材料の価格を超える場合は，そのものの所有権は加工業者が取得するものとされています。

　このような事情から，実質的には賃加工契約の取引であるものの，形式的に支給原材料の有償支給として行われる場合も多いと思われますが，有償支給の場合であっても，原材料等を支給する事業者がその支給に係る原材料等を自己の資産として管理している場合には，その原材料等の有償支給は，原材料等の売買（所有権の移転）とは判断しない，つまり課税売上高とならないこととなる（消基通5-2-16《下請先に対する原材料等の支給》）との取扱いが定められており，当事者間で客観的に所有権の移転を目的とする有償の合意についての実質な面から判断が示されています。

　そして，この場合の「自己の資産として管理する」とは，例えば，次のような管理があげられます。

① 原材料を下請業者に払い出した時に仮払金又は未収金に計上し，その製品又は半製品が納入される都度その使用等に見合う原材料部分の仮払金又は未収金を消却するという経理処理を通じて支給原材料の数

量管理を行う。

②　更に，使用数量，在庫数量等を下請業者に定期的に報告させ，また，実地棚卸を実施して帳簿上の数量と一致するか検証する。

③　最終的な未使用品在庫や不足分は，実地に確認の上返還を受けるか，対価を授受する。

　なお，このような事例は，消費税導入までは，所得税や法人税における所得課税の観点からは特に問題となることはなく，当事者間においても賃加工取引か支給原材料の売買取引かの明確な区分の認識なく取引が行われていましたが，消費税の導入によって簡易課税制度の適用を受ける事業者の課税標準額や事業区分が調査等で多々問題となっていました。そして，令和元年10月からの飲食料品に係る軽減税率の適用において，飲食料品の加工依頼においても，飲食料品の譲渡であるか賃加工であるかによって異なることとなるので，契約の際には併せて注意が必要となります。

　おって，同様の事例として，大分地裁平成10年12月22日判決，その福岡高裁平成12年9月29日判決，熊本地裁平成9年9月10日判決があります。

(2) 補助金，助成金等に相当する対価が課税売上高となるかどうかの判断ポイント

事例26 国からの補助を受けて納入していたワクチンの代金について，補助金は含まれず，その全額が課税資産の譲渡等の対価であると判断された事例 〔熊本地裁平成21年２月19日判決（確定）〕

判決要旨

　本件差額金が，「課税資産の譲渡等の対価」に当たるか否かは，本件差額金が本件売買契約において売買代金として支払われたか否か，すなわち，原告と厚労省との間で，本件差額金を本件ワクチンの対価として支払う旨の合意があったと評価できるか否かに係るものということができるため，認定した事実を踏まえて，本件売買契約における原告と厚労省との間の合意の内容について検討すると，本件契約書には本件差額金を含む本件契約金額の全額がワクチンの対価として設定されたことを示す記載がある上，差額金を含む契約金額の全額をワクチンの対価として支払うことの合意が実際にはなされなかったことを認めるに足りる特段の事情はない。したがって，原告と厚労省との間では，本件差額金を含む契約金額の全額をワクチンの対価として支払う旨の合意がなされたものと認めるのが相当であり，差額金は売買代金の一部を構成するものとして「課税資産の譲渡等の対価」に当たるものというべきである。

解　説

　この事例は，国内でも数少ない生物学的製剤群を供給する財団法人（原告）が，厚労省の天然痘を使用した生物テロへの早急な対応の要請に応じて行った，痘そうワクチンの製造，供給について，当該ワクチンの納入に係る販売代金には，ワクチン自体の対価以外に当該ワクチンを製造するために必要な施設の建設等の補助として支払われた額（差額金）が含まれており，その差額金は対価性のない補助金であることから，差額金を除いた額が消費税の課税売上高となるかどうかが争われた

事件です。

　熊本地裁は，契約内容からすると，差額金を含む全額を当該ワクチンの販売に係る対価として支払う旨の合意がなされたと認めるのが相当であるとして，差額金を含む全額が課税資産の譲渡等の対価であると判断しました。

　この事例は，筆者が国税訟務官として初めて担当することとなった事件であり，担当した時点では，それまでの法人税等の所得課税の考えからは，実質的には国からのワクチン製造設備に係る建設費用に対する補助金に相当するものとも考えられました。原告主張の事実によれば，厚労省からの製造要請及び契約交渉段階において，痘そうワクチンの単価及びその合計額（約7億円）に製造設備の建設費負担額（約9億円）を加える旨交渉が行われていたこと及びその後の納入においては当該単価により納入が行われていること，また，本来建設費負担額については補助金適正化法に基づく補助金として支払われるものでしたが早期納入等のために販売額に含める契約となったことから，裁判所の事実認定によっては敗訴もあり得るのではないかとの意見もあった事件内容でした（個人的見解ながら，厚労省は，早急に痘そうワクチンの納入を受ける必要から，時間的手続的な面から補助金の交付手続きによらず，販売価額に含めた契約として納入を受けたのではないかと思われます。）。

　しかし，熊本地裁は，上記判決要旨のとおり，消費税法における課税資産の譲渡等の対価の額が，譲渡等当事者において合意したその譲渡等の金額である旨判示し，契約書の記載内容から，差額金を痘そうワクチンの対価としてではなく，実質的な補助金として交付する旨の合意があったと認めるに足る特段の事情は認められないことから，差額金を含む全額が課税資産の譲渡等の対価に当たると判断したものです。

　ここで，課税資産の譲渡等に係る消費税の課税標準は，課税資産の譲渡等の対価の額とされ（消法28），この場合の課税標準とされる「対価の

額」とは，原則として事業者が課税資産の譲渡等につき「対価として収受し又は収受すべき一切の金銭等の額」をいう，すなわち消費税が消費に担税力を認め，課税するものですから，消費者の担税力の測定の根拠となるべき消費行動について実際に負担した金額をいい，通常の取引価格，つまり取引の価格として合意した金額であるということであり，法人税等における合理的経済人の行動を基に所得金額を把握することになる譲渡した物品の価額（時価，いわゆる客観的交換価値）とは異なる点に特に注意が必要です。要は，消費税においては，譲渡等の対価として合意した金額であれば，時価ないしは経済的に合理的相当額でなかったとしても，消費税における対価の額となる，例えば，時価1億円の絵画を1万円で販売した場合であっても，その金額が当事者の合意に基づくもの（通謀虚偽表示又は錯誤等によるものを除きます。）であれば，その額（1万円）が譲渡等の対価の額となり，当事者における対価の額の合意過程において考慮した価額変更要素ないし内訳が，その変更等の額自体各別に合意されてものであると認められるものでない限り，取引金額として合意した金額となります。

　この事例では，本来の痘そうワクチンの価額に建設費負担相当額を加えた総額を販売価格として契約したのであり，その内訳となる建設費負担相当額が痘そうワクチンの対価とは別に補助金（補助金等に係る予算の執行の適正化に関する法律に基づくもの）として支給される額とは認められないと認定判断されたものです。

　以上のことから，負担金や違約金などその取引金額とは異なる事情により収受する金額がある場合には，契約書へ明確に区分して記載しておくなど，当該金額として別個に合意した金額である事実が明確となるようにしておく必要があります。

　なお，課税資産と課税資産以外の資産を同一の者に一括で譲渡した場合，例えば，土地（非課税）と建物とを一括で譲渡した場合において，

土地と建物の価額が合理的に区分されていない時には，契約書に記載された当事者が合意した金額であったとしても，合理的な基準により算定した金額が消費税における課税資産の譲渡等の対価となる場合があり（消令45③），その点に関しては，　事例31　において解説します。

第 7

仕入税額控除

1　仕入れに係る消費税額の控除

　消費税は，生産，流通，販売といった取引の各段階で課税され，消費者が負担することを予定しています。しかし，取引の都度その取引価額に対して消費税を課税すると税の累積をもたらすこととなり，最終的には消費者がその累積した税を負担することとなります。そのため，消費税では税の累積を排除するため，課税標準額に対する消費税額から課税仕入れに係る消費税額を控除する「前段階税額控除方式」を採用しており，このことを仕入税額控除といいます。

　具体的には，課税事業者は，その課税期間における課税標準額に対する消費税額からその課税期間中に国内において行った課税仕入れ（特定課税仕入れに該当するものを除きます。）に係る消費税額，その課税期間中に国内において行った特定課税仕入れに係る消費税額及びその課税期間中に保税地域からの引取りに係る課税貨物につき課された又は課されるべき消費税額（附帯税の額に相当する額を除きます。）の合計額を控除することとされています（消法30①）。

2　課税仕入等の範囲

　仕入税額控除は，国内において行う課税仕入れ（特定課税仕入れを含む。）又は保税地域からの課税貨物の引取り（以下「課税仕入れ」といいます。）が対象となります。

　課税仕入れとは，事業者が事業として他の者から資産を譲り受け若しくは借受け又は役務の提供（以下「資産の譲受け」といいます。）を受けることをいいます（消法2①十二）。

　したがって，課税仕入れは，企業会計上のいわゆる仕入れに相当する商品や原材料の仕入れだけではなく，建物や機械装置などの減価償却資産の購入，運送や電話などのサービスの購入などを含む幅広い概念であるほか，国外事業者から受けた事業者向け電気通信利用役務の提供及び演劇などの特定役務の提供である特定課税仕入れも含まれることになり

ます（消基通11-1-1《課税仕入れ》注書）。

　なお，「役務の提供」には，所得税法28条１項に規定する給与等を対価とする役務の提供は含まないものとされています（消法２①十二）。

　また，「他の者から資産の譲受け等を受けること」とは，他の者（その取引の相手方）が事業として資産を譲り渡し，若しくは貸し付け，又は役務の提供をしたとした場合に課税資産の譲渡等に該当することとなるもので，輸出取引等の消費税が免除されるもの以外のものに限るとされており，非課税とされる取引及び免税とされる取引は，課税仕入れに該当しません。

　同様に，輸入取引においても，仕入税額控除の対象となるのは，保税地域からの課税貨物の引取りに限られており，保税地域から引き取られる貨物のうち非課税，免税とされる貨物は仕入税額控除の対象にはなりません（消法30①）。

　そこで，その取引が，仕入税額控除の対象となるかどうかについては，①〜⑥のそれぞれについて判断する必要があります。

①　国内において行った取引であること

②　事業者が事業として行った取引であること

③　対価を得て行った取引であること

④　資産の譲受け，借受け又は役務の提供を受けるものであること

⑤　給与等を対価とする役務の提供ではないこと

⑥　非課税とされる取引，免税とされる取引ではないこと

　なお，①から④は，課税対象の判断（「第１ 消費税の課税対象」３頁），⑥については，非課税取引及び輸出取引における判断（「第２ 非課税取引」59頁，「第３ 輸出免税取引」79頁）と同様ですので，本項では，⑤給与等を対価とする役務の提供についての判断ポイントや土地と建物とを一括で譲り受けた場合における仕入税額控除について解説します。

3　仕入税額控除の計算方法

　課税標準額に対する消費税額から控除する課税仕入れ等の税額（仕入控除税額）の計算方法は，その課税期間の課税売上高が5億円を超えるかどうか，5億円以下であっても課税売上割合が95％以上であるかによって異なります（消法30①②）。

　そして，課税期間の課税売上高が5億円以下，かつ，課税売上割合が95％以上の事業者については，課税仕入れ等の税額の全額が仕入税額控除の対象となります（消法30①）。なお，課税売上割合が95％以上である課税期間については，当分の間，その課税期間中に国内において行った特定課税仕入れはなかったものとされています（平27改正法附則42）。

　その課税期間の課税売上高が5億円を超える事業者又は課税売上割合が95％未満の事業者については，課税仕入れ等の税額の全額を控除することはできず，課税資産の譲渡等に対応する課税仕入れ等の税額が控除の対象となります（消法30②）。この場合の計算方法には，個別対応方式と一括比例配分方式の二つの方法があります。

　①　個別対応方式

　　その課税期間中において行った課税仕入れ等の税額を，用途に応じて，次のイからハに区分（用途区分）し，以下の算式により計算した金額を仕入控除税額とする方式です（消法30②一）。

　　イ　課税資産の譲渡等にのみ要するもの

　　ロ　その他の資産（非課税資産）の譲渡等にのみ要するもの

　　ハ　課税資産の譲渡等とその他の資産の譲渡等に共通して要するもの

$$\text{仕入控除税額} = \begin{bmatrix} \text{イ} \\ \text{課税資産の譲渡} \\ \text{等にのみ要する} \\ \text{課税仕入れ等の} \\ \text{税額} \end{bmatrix} + \begin{bmatrix} \text{ハ} \\ \text{課税資産の譲渡等と} \\ \text{その他の資産の譲渡} \\ \text{等に共通して要する} \\ \text{課税仕入れ等の税額} \end{bmatrix} \times \begin{bmatrix} \text{課税売上} \\ \text{割合※} \end{bmatrix}$$

$$※課税売上割合 = \frac{その課税期間の課税資産の譲渡等に係る対価の額 - 課税資産の譲渡等に係る対価の返還等の金額}{その課税期間中の国内における資産の譲渡等の対価の額の合計額 - 資産の譲渡等に係る対価の返還等の金額}$$

② 一括比例配分方式

　課税仕入れ等の税額について個別対応方式を適用する前提となる用途区分が明らかにされていない場合やその区分が明らかにされていても納税者が選択した場合に適用されるものであり，以下の算式により計算した金額を仕入控除税額とする方式です（消法30②二）。

仕入控除税額 = その課税期間中の課税仕入れ等の税額 × 課税売上割合※

　仕入税額控除の計算においては，その課税期間の課税売上高が5億円を超える事業者又は課税売上割合が95％未満の事業者については，課税仕入れの税額であっても，その全額を控除することはできず，個別対応方式又は一括比例配分方式を選択の上，課税売上割合に基づいて課税資産の譲渡等に対応する課税仕入れ等の税額を算出することとなります。しかし，個別対応方式において，課税資産の譲渡等にのみ要するものであるかどうか等の用途区分の判断については，その資産の譲渡等の段階で判断することとなり，その用途の判断においては将来における用途を基礎とするなど，判断の困難な場合も多く，その点に関する判断ポイントについては，本項の後掲(3)（144頁）において，解説します。

4　仕入税額控除の要件

　事業者（免税事業者を除く。）は，課税仕入れ等に係る消費税額を控除するためには，原則として，課税仕入れ等の事実を記載した帳簿及び請求書等（特定課税仕入れに係るものである場合は帳簿）を7年間保存しなければなりません（消法30⑦，消令50①）。

　なお，令和 5 年10月からの適格請求書等保存方式（インボイス制度）
の導入後においては，新消費税法（令和 5 年10月施行の消費税法）57条
の 4 《適格請求書発行事業者の義務》に規定する事項（適格請求書発行事業
者の登録番号など）が記載された適格請求書（又は適格簡易請求書）の
保存が必要となります。

　消費税においては，現実に課税仕入れが行われており，課税仕入れに
係る消費税額が存在する場合であっても，課税仕入れ等の事実が記載さ
れた帳簿及び請求書（令和 5 年10月以降においては適格請求書又は適格
簡易請求書）の保存がなければ仕入税額控除ができないこととなるた
め，その仕入税額控除の要件となる請求書等の保存に該当するかどうか
の判断ポイントについては本項の後掲(5)（162頁）で解説します。

(1)　給与等を対価とする役務の提供かどうかの判断ポイント

事例27　従業員から外注先に変更となった作業員に支払った報酬が，給与等に該当し，仕入税額控除の対象にならないと判断された事例
〔東京地裁令和3年2月26日判決〕

判決要旨

1　消費税法基本通達1-1-1は，支払を受けた役務の提供の対価が出来高払いの給与であるか請負による報酬であるかの区分が明らかでないときは，例えば，次の事項を総合勘案して判定することとしている。①その契約に係る役務の提供の内容が他人の代替をいれるかどうか。②役務の提供に当たり事業者の指揮監督を受けるかどうか。③まだ引渡しを了していない完成品が不可抗力のため滅失した場合等においても，その個人が権利として既に提供した役務の報酬を請求することができるかどうか。④役務の提供に係る材料又は用具等を供与されているかどうか。これは，消費税法2条1項12号で課税仕入れから除外される「給与等を対価とする役務の提供」に該当するか否かの基準ではないが，その判断に当たっても参考となる基準といえる。

2　本人に代わって他の者が役務を提供することが認められている場合や，本人が自らの判断によって補助者を使うことが認められている場合等役務の提供の代替性が認められている場合には，「給与等」該当性を否定する要素の一つとなる。本件各作業員が予定されていた作業を休むこととなった場合には，原告が代替の作業員を手配していた。このことは，本件各作業員は，原告の他の従業員と同様，代替性が認められていなかったことを示すものである。

3　具体的な仕事の依頼，業務に従事すべき旨の指示等に対して諾否の自由があることは，「給与等」該当性を否定する重要な要素となる。本件各作業員は，本件支出金が支出されていた間も，従業員であった時期と同様に，原告から空間的，時間的な拘束を受け，原告の指揮命令に服し，原告に対して継続的ないし断続的に労務又は役務を提供していたものというべきであり，このことは，本件支出金の「給与等」

　　該当性判断において最も重視されなければならない。
4　報酬が，完成した仕事の内容ではなく，時間給，日給，月給等時間
　　を単位として計算される場合には，「給与等」該当性を補強する重要
　　な要素となる。本件各作業員には，完成すべき作業の定めはなく，依
　　頼した作業が完成しなかったとしても，作業日数に応じた報酬が支払
　　われていた。原告と本件各作業員との間で契約書は交わされておら
　　ず，危険負担についての定めもなかった。
5　据置式の工具など高価な器具を所有しており，これを使用している
　　場合には，事業者としての性格が強く，「給与等」該当性を弱める要
　　素となる。本件についてみると，工具については，現場で着る作業着
　　と手持ちの道具箱に入るくらいのコテとヘラを本件各作業員が用意
　　し，それ以外の軍手，ハケ，ローラー，研磨機，マゼラーなどの道具
　　や機械は原告から支給されたり貸与されたりしていた。これは，各作
　　業員が従業員であった時期と同様であった。
6　原告は，平成27年３月，××公共職業安定所長に対し，各作業員が
　　同月31日に離職する旨を記載した「雇用保険被保険者資格喪失届」を
　　提出した。また，原告は，本件支出金を外注費に計上し，源泉所得税
　　を徴収せず，本件各作業員は，本件支出金を事業所得として申告して
　　いた。
7　以上の事情を総合すると，本件支出金は，原告から空間的，時間的
　　な拘束を受け，継続的ないし断続的にされる労務又は役務の提供の対
　　価として支給されたものであり，雇用契約又はこれに類する原因に基
　　づき使用者の指揮命令に服して提供した労務の対価として使用者から
　　受ける給付というべきであるから，所得税法28条１項の「給与等」に
　　該当する。

解　説

　この事例は，従業員から外注先に変更になった作業員に支払った報酬
について，「給与等」に該当し，仕入税額控除の対象とならないかどう
かが争われた事件です。

　東京地裁は，「給与等」に該当するかどうかは，昭和56年４月24日最
高裁第二小法廷判決の「自己の計算と危険において独立して営まれ」て

いるかという非独立性の判断を基準とし，区分が不明の場合は，消費税法基本通達1−1−1《個人事業者と給与所得者の区分》が掲げる4項目（①非代替性，②指揮監督性，③危険負担，④材料等の支給）が参考になる基準として，4項目の中でも，作業員らが従業員であった時期と同様に，空間的，時間的な拘束を受け，指揮命令に服し，継続的ないし断続的に労務又は役務を提供していたことを重視し，本件報酬は，労務の対価として所得税法28条1項の「給与等」に該当し，仕入税額控除の対象にならないと判断しました。

　課税仕入れとは，事業者が事業として他の者から資産を譲り受け若しくは借り受け又は役務の提供を受けることと規定（消法2①十二）しており，他の者である事業者においては課税売上げとなるものであっても，同号では，所得税法で規定する「給与等を対価とする役務の提供を除く」としています。給与受給者にとっては課税対象の要件となる「事業として」に該当せず，課税売上げの対象とはなりませんから，当然に課税仕入れにも該当しないとも思えるのですが，給与支払者である事業者にとっては，事業として役務（労務）の提供を受けることからすると，「事業者が事業として他の者から役務の提供を受けること」に該当するため，当該給与等を対価して受ける役務の提供が除かれたものと考えられ，この規定によって，出向者に対する給与負担金や過去における労務の対価として支払われるものも課税仕入れに該当しないこととされています。

　この事例のように，事業者にとっては，外注費となるか給与等となるかによって，仕入税額控除の額が異なることとなり，納付する消費税額にも大きく影響するため，雇用契約等の契約形態を変更するなどによって外注費の支払としたり，また，支払先の要望などで源泉徴収を避けるために外注費としたりしていたものなど，これまでも多くの調査での指摘があり，それに基づく争訟ともなっています。

　上記のとおり，消費税法2条（定義）1項12号において，明確に「所得税法28条1項（給与所得）に規定する給与等を対価とする役務の提供を除く。」と規定していることから，所得税法における「給与等」の判断が示された昭和56年4月24日最高裁第二小法廷判決における判断基準を原則的考えとし，それに基づいて定められた消費税法基本通達1-1-1《個人事業者と給与所得者の区分》に沿って判断することとなります。要は「雇用契約又はこれに類する契約に基づき他の者に従属し，かつ，当該他の者の計算により行われる事業に役務を提供する場合」における対価であるかどうかについて，①非代替性，②指揮監督性，③危険負担及び④材料等の支給の各判断要素によって判断することとなるのですが，その役務提供の内容や契約内容によっては，各判断要素における強弱があり最終的には総合判断となることから，この事例における判決では，空間的，時間的な拘束を受け，指揮命令に服し，継続的ないし断続的に労務又は役務の提供を重視して判断しており，一般的にも，空間的，時間的な拘束と指揮命令による提供であるかどうかが判断ポイントとなります。

　しかしながら，消費税法において給与等の対価を仕入税額控除の対象としないのは，給与所得者については消費税を転嫁しない，つまり，消費税を負担する最終消費者である趣旨からすると，**事例5** 及び**事例6** の「事業として」の判断ポイントでも解説したように，消費税においては，転嫁を意識した対価の額であるか，また，自己の判断によりその対価の請求を行い得るものであるかどうかといった観点からの判断が必要と考えられます。

　なお，上記消費税法2条1項12号における「給与等を対価とする役務の提供」であるかどうかの判断において，建設工事や電気工事におけるいわゆる一人親方やアウトソーシングなどについては，雇用関係の判断が困難な場合も多く，次に掲げる **事例28**（電気配線工事等業務に従

事していた者に支払った金員），事例29（マッサージ師に支払った報酬）及び 事例30（勤務するホテルから調理場の運営業務を委託された対価）が参考になるものと思われます。

事例28　電気配線工事等業務に従事していた者に支払った金員は，給与等に該当することから，課税仕入れに係る支払対価に該当しないと判断された事例

〔東京地裁平成19年11月16日判決，東京高裁平成20年4月23日判決，最高裁平成20年10月10日上告等棄却〕

東京地裁判決要旨

1　原告会社が訴外A社から請け負った電気配線工事及び電気配線保守業務等に従事していた本件各支払先は，原告会社から指定された各仕事先において原告会社代表者又はA社の職員である現場代理人の指示に従い，電気配線工事等の作業に従事し，1日当たりの「基本給」に従事日数を乗じた金額，約2割5分増しの「残業給」に従事時間を乗じた金額及び5割増しの夜間の「基本給」に従事日数を乗じた金額の合計額から遅刻による減額分を差し引かれた金員を労務の対価として得ていたこと，この間，原告会社に常用される者として他の仕事を兼業することがなかったこと，各仕事先で使用する材料を仕入れたことはなかったこと，ペンチ，ナイフ及びドライバー等のほかに本件各支払先において使用する工具及び器具等その他営業用の資産を所持したことはなかったことなどが認められるところ，さらに，原告会社が本件各支払先に係る定期健康診断の費用を負担していたこと，原告会社が福利厚生費として計上した費用をもって本件各支払先に無償貸与する作業着を購入していたことなどを総合的に考慮すると，その労務の実態は，いわゆる日給月給で雇用される労働者と変わりがないものと認めることができるから，このような本件各支払先について，自己の計算と危険において独立して電気配線工事業等を営んでいたものと認めることはできない。

2　本件各支払先は，原告会社に対し，ある仕事を完成することを約して（民法632条（請負）参照）労務に従事していたと認めることはでき

ず（原告会社は本件各支払先に対し作業時間に従って労務の対価を支払っており，達成すべき仕事量が完遂されない場合にも，それを減額したりはしていない。），労働に従事することを約して（民法623条（雇用）参照）労務に従事する意思があったものと認めるのが相当であり，実際，原告会社と本件各支払先の契約関係では，他人の代替による労務の提供を容認しているとは認めることができないこと（民法625条2項（使用者の権利の譲渡の制限等）参照），本件各支払先は原告会社代表者又は訴外A社の職員である現場代理人の指揮命令に服して労務を提供していたことが認められることなどからすると，本件各支払先による労務の提供及びこれに対する原告会社による報酬の支払は，雇用契約又はこれに類する原因に基づき，原告会社との関係において空間的（各仕事先の指定等）又は時間的（基本的な作業時間が午前8時から午後5時までであること等）な拘束を受けつつ，継続的に労務の提供を受けていたことの対価として支給されていたものと認めるのが相当である。

3　本件では，本件各支払先による労務の提供及びこれに対する原告会社による報酬の支払は，雇用契約又はこれに類する原因に基づき，原告会社との関係において空間的又は時間的な拘束を受けつつ，継続的に労務の提供を受けていたことの対価として支給されていたものと認めるのが相当であるから，所得を事業所得，給与所得等に分類し，その種類に応じた課税を定めている所得税法の趣旨及び目的や，他の給与所得者等との租税負担の公平の観点等に照らし，本件各課税期間（及び本件各月分）における本件各支払先に対する本件支出金の支払は，所得税法28条1項（給与所得）に規定する給与等に該当するものと認めることができる。

解　説

　この事例は，原告が元請業者から請け負ったビルの電気配線工事及び電気配線保守業務等を，いわゆる一人親方として労働者災害補償保険に特別加入する者に請負契約により従事させ支払った報酬が，請負契約に基づく外注費に該当するか又は雇用契約等に基づく給与等に該当するかが争われた事件です。

　東京地裁は，労務の提供及びこれに対する報酬の支払は，雇用契約又はこれに類する原因に基づき，空間的（各仕事先の指定等）又は時間的（基本的な作業時間等）な拘束を受けつつ，継続的に労務の提供を受けていたことの対価として支給されていたものと認めるのが相当であるから，給与等に該当すると判断しました。

　この事例では，電気工事士や大工，左官，とびなど，一人職人であるいわゆる一人親方に対する報酬が給与等に該当するかどうかが労務の実態による事実認定により判断されたものであり，支払者にとっては外注費か給与等のいずれであっても所得計算上は変わらないものの，職人にとっては源泉徴収による確定申告の必要やこれによる社会保険料の負担などによる職人からの要請や支払者側にとっても社会保険負担がなくなり，消費税における仕入税額控除の対象となることから，請負契約の約定形態とし，一人親方としての労働者災害補償保険に特別加入をするなど外見上は外注とするケースは多く，税務調査でもよく問題となっています。この事例でも，原告は，職人とは請負契約を締結し，労働保険，健康保険及び厚生年金保険の被保険者として取り扱われておらず，いわゆる一人親方として労働者災害補償保険に特別加入していることを外注の根拠として主張していたものです。

　この事例の判断においても，昭和56年4月24日最高裁第二小法廷判決における一応の判断基準に基づき，依頼会社との関係において空間的又は時間的な拘束と指揮命令を受けつつ，継続的に労務の提供を受けているかどうかの実態とそれらによる総合的判断により自己の計算と危険において独立して請け負うものであるかどうかが判断ポイントとなりました。現実問題としては，これらによっても判断が困難な場合も多いでしょうが，特に，消費税の観点からは，「事業者が事業として行った取引であるかどうかの判断ポイント」（14頁）と同様に，その支払対価の額が自己の意思によって転嫁でき得るような事業者性を有するものであるか

どうかによる判断も考慮すべきであると考えます。

事例29　マッサージ師に支払った報酬が，給与等を対価とする役務の提供の対価と判断された事例　〔平成12年2月29日裁決〕

裁決要旨

1　各事実を総合すれば，マッサージ業務を遂行するに当たっては，営業時間，施術種目（コース）及び施術料金，出退勤時間等を含めた業務時間，服装，休憩及び業務上の心得等の業務規則が定められ，営業方針・業務規則に従わない場合には請求人に契約解除権が認められており，マッサージ師各人は，この定めに服して，請求人の賃借する施術所内において，請求人所有の設備備品を使用し，業務に従事していること，また，出張業務はなく，マッサージ業務の遂行場所は請求人の賃借する施術所に限定されていること，顧客が支払う施術代金は，請求人に入金され，請求人が支配管理し，その後，請求人が各マッサージ師に対し，本件外注費を支払っていることが認められる。そうすると，マッサージ師は，請求人の指揮監督ないし組織の支配に服して，場所的，時間的な拘束を受けて継続的に労務を提供し，マッサージ業務に当たり独自に費用を負担していないものと認められるから，請求人とマッサージ師は雇用関係があるということができる。

2　本件では，いわゆる出来高払制に基づいて請求人が報酬を支払っていると認められるが，かかる報酬支払形態であっても，使用者の指揮命令によって労務を給付する以上，雇用関係があるというに妨げない。この点について，請求人は，マッサージ師は自己の危険と計算において独立して営んでいるから事業者に該当する旨主張するが，顧客に対する事故の責任負担については，本件契約書の記載によれば，請求人が負うものと認められ，また，マッサージ師が請求人の施術所におけるマッサージ業務の宣伝企画に参画しているとしても，このことのみをもって，独立した事業者であるということはできない。さらに，請求人の答述によれば，施術所に在籍しているマッサージ師22名のうち，正規の資格があるのは僅か3名のみであり，大半が無資格のマッサージ師であると認められ，そのような者が事故における責任を

負担して独立してマッサージ業を営んでいると解することは不合理で
ある。以上によれば，マッサージ師が自己の危険と計算において独立
して営んでいるとはいえない。

解 説

この事例は，請求人が，請求人の施術所施設において，業務委託契約
により各マッサージ師が行ったマッサージ業務（定められた営業時間，
施術コース及び施術料金，業務時間，服装，休憩等に従って従事，顧客
への事故対応も請求人が行う。）に対し，売上の70%相当額等（施設利
用料名目で30%控除），いわゆる出来高払いにより支払った報酬（外注
費として経理）が，給与等に該当するかどうかが争われた審査請求事件
です。

国税不服審判所は，いわゆる出来高払制の報酬支払形態であっても，
空間的，時間的拘束及び指揮命令による労務給付及び事故の責任負担の
実態から，各マッサージ師は請求人と雇用関係にあると判断しました。

このように出来高払いや歩合給によって支払われる報酬であっても，
勤務形態などに基づき，ホステス等や外交員，集金人などと同様に給与
等の該当性により判断することとなるのですから注意が必要です。

事例30 料理長として勤務するホテルから運営業務を委託され，その対価として受け取った報酬が，事業として行われた役務の提供の対価と判断された事例 〔平成29年2月9日裁決〕

裁決要旨

1 請求人は，本件法人との間で，雇用契約を締結し，調理場に料理長
として勤務して給与を受領していたところ，①請求人が，料理長とし
て，メニューの考案，価格の決定，材料の選定・発注・在庫管理及び
調理などをしていたほか，調理場において勤務する請求人以外の料理
人を確保し，給与の支給や出勤状況の管理等を行っていたこと，②請

　　求人が，給与とは別に「調理場委託料」名下の本件金員を受領してい
　　たこと，③請求人が，Aに紹介してもらうなどして各料理人を確保
　　し，各料理人の出勤状況を管理するとともに，本件金員の中から給与
　　を支払っていたことが認められる。

2　　請求人が行っていた上記業務の全てが，本件法人との間の雇用契約
　　に基づくものであるのかを検討するに，①本件法人は，各料理人の採
　　否の決定に関与しておらず，人数も把握していなかったこと，②請求
　　人は，各料理人を採用するに当たり，人材派遣会社から紹介してもら
　　うこともあったこと，③本件法人は，各料理人の出勤状況について，
　　請求人から報告を受けていなかったこと，④本件法人は，各料理人の
　　給与の金額，計算方法及び支給方法に関し，請求人に具体的な指示を
　　しておらず，請求人が，本件金員の月額の範囲内に収まるよう各料理
　　人の給与の額を計算していたことが認められる。

3　　以上の事実関係によれば，請求人は，請求人の判断で各料理人を採
　　用して，指揮監督しながら，調理場における業務を行っていたものと
　　いうことができ，請求人の業務の全てが，本件法人との間の雇用契約
　　に基づく料理長としての業務に包含されるものとは評価できないとい
　　うべきである。そして，請求人は，本件法人から給与とは別に毎月
　　「調理場委託料」名下の本件金員を受領して，この中から請求人が定
　　めた給与を各料理人に支払っていたというのであるから，請求人は，
　　独立の立場で，反復，継続して各料理人を雇って調理場を運営してい
　　たものと認められる。

解　説

　この事例は，ホテルとの雇用契約によって勤務し，給与の支払を受け
ている料理長である請求人が，ホテルから当該ホテルの調理場における
料理人の手配並びにその管理及び調理の指示等の依頼を受け，その調理
人に対する給与等を含めた対価として給与とは別に調理委託料として受
領していた金員が，給与等に該当するかどうかが争われた審査請求事件
です。

　国税不服審判所は，裁決要旨に掲げる事実認定に基づき，料理長の判

断で各料理人を採用し，指揮監督をしながら調理業務を行い，各料理人
に対する給与も調理委託料の内から料理長の判断で支払っていたのであ
り，このことは料理長が独立の立場で，反復，継続して各料理人を雇っ
て調理場を運営していたものと認められ，消費税法上の「事業」として
行っていたものと判断しました。

　このように，料理人や店長又は士業などの専門職について，雇用関係
に基づく給与とは別途に，業務委託契約等に基づき支払われる委託料等
が給与等となるのかどうかの判断においては，雇用関係による勤務及び
その給与等の内容及び実態と委託業務における独立性等の事業者性が判
断ポイントとなります。

(2) 土地・建物を一括取得した場合における合理的に区分された額であるかどうかについての判断ポイント

事例31　土地と建物の譲渡の対価の額として契約書に記載された額
が，土地と建物との一括譲渡に当たり合理的に区分された対価の額で
はないと判断された事例
〔大阪地裁令和2年3月12日判決，大阪高裁令和3年1月14日判決（確定）〕

大阪地裁判決要旨

1　消費税法施行令45条3項は，単に区分されていないときと規定する
のではなく，「合理的に」区分されていないときと規定している。こ
れは課税資産と非課税資産が一括して売買された場合において，契約
当事者が合理的な基準に基づかずに恣意的な割り付けを操作すること
により，それぞれの代金額をその客観的な価値から乖離させること，
すなわち，課税資産の譲渡等に係る消費税の課税標準を過少に計上す
ることを防止し，もって租税負担の公平の原則を確保する趣旨による
ものと解される。そうすると課税資産と非課税資産のそれぞれの譲渡
等の対価の額がその客観的な価値と比較して著しく不合理なものであ

るといった事情があるときは，同項の「合理的に区分されていないとき」に該当すると解すべきである。
2　したがって，「課税仕入れに係る支払対価の額」は，その文理に照らし，原則として売買契約において定められた代金額がこれに当たると考えられるものの，課税資産である建物と非課税資産である土地（又は借地権）が一括して売買される場合において，その売買契約において定められた建物と土地（又は借地権）それぞれの価値がその客観的な価値と比較して著しく不合理なものであるといった事情があるときには，合理的な基準により算定される合理的な価額をいうと解するのが相当である。
3　本件では，原告が売主との間で合意した原告主張建物価額（税込金額）及び原告主張借地権価額は，その客観的な価値と比較して著しく不合理なものであると認められる。
4　そして，本件建物の譲受けに係る「支払対価の額」，すなわち，合理的な基準により算定される合理的な価額は，消費税法施行令45条3項に即して，課税資産と非課税資産の譲渡等の対価の額を，課税資産（本件建物）と非課税資産（本件借地権）の各時価の比により算定すべきである。また，固定資産税評価額は，一般的には，土地（又は借地権）及び建物につき基準時前後における適正な時価を反映しているものと解されることからすれば，本件建物の譲受けに係る「支払対価の額」の算定に当たっては，各固定資産税評価額により本件借地権と本件建物との時価比を求め，当該時価をもって本件売買代金を按分する方法によるのが相当である。

解　説

　この事例は，不動産業を営む法人（原告）が，売買契約により土地の借地権とその土地に所在する建物を併せて譲り受けたもので，その売買契約書には，売買代金の内訳として土地（借地権）の価額と建物の価額が区分して記載されていましたが，建物に係る仕入税額控除に当たり，土地と建物を一括譲渡した場合における合理的に区分された建物価額であるかどうかが争われた事件です。

　大阪地裁は，売買契約書における土地（借地権）価額と建物価額は，

売主との合意した額であるものの，その客観的な価値と比較して著しく不合理なものであると認められることから，当該建物の譲受けに係る「支払対価の額」は，消費税法施行令45条《課税資産の譲渡等及び特定課税仕入れに係る消費税の課税標準の額》3項に則して，合理的な基準により算定される合理的な価額，つまり課税資産（建物）と非課税資産（借地権）の各時価の比により算定した額が，建物の譲受けに係る対価の額になると判断しました。

　この事例は，筆者が主任国税訟務官として担当した事件ですが，消費税法施行令45条3項において規定する課税資産と課税資産以外の資産（非課税資産）を一括譲渡した場合の課税標準額の規定，つまり課税資産と非課税資産とを同一の者に対して同時に譲渡した場合には，課税資産の譲渡の対価に相当する部分のみが課税対象となることから，それぞれの資産の譲渡に係る対価の額について合理的な基準（例えば，通常の取引価額の比等）により区分しているときは，その区分した金額がそれぞれの譲渡の対価の額となりますが，合理的に区分されていない場合には，これらの資産の譲渡の対価の額をそれぞれの資産の譲渡の時における価額（時価）により区分することとされています。このため，一括譲渡された土地（借地権）と建物の売買契約の価額が，「合理的に区分された額」であるかどうかが争われた事件でした。

　また，筆者が国税不服審判所の国税審判官の時にも，土地の買取に際し，土地の上に所在する取得後解体予定の古い建物など実質的には価値のない建物を，譲渡する者が課税事業者でない場合には，土地と建物の内訳には関心がないことから，契約書による合意内訳として建物価額を定め，消費税の仕入税額控除を受け，調査等で問題となった事例も多くありました。

　前記第6「課税標準」（111頁）で述べたように，消費税法が規定する譲渡等の「対価の額」とは，実際にその対価として収受した（又は収受

すべき）金額で，原則として，売買契約において約された金額であり，法人税等における通常の取引価格（時価）とは異なることとなりますから，取引当事者における売買代金として合意した金額（通謀虚偽表示等でないもの）であれば，時価と乖離した金額であったとしても，消費税法の課税標準額又は仕入控除税額を算出する「対価の額」であり，この事件で原告もその旨主張しました。契約当事者において，多額の税額控除を受けるために恣意的な内訳に割り付けるなどといったものでない限りは，各内訳後の取引金額が時価と異なる額であったとしても，原則どおり，契約上合意した取引金額が「対価の額」となる，要は，消費税法施行令45条３項に定める「合理的に区分されていないとき」の解釈が争点となりました。

　この点，市販解説書や実務における解釈では，土地と建物を一括譲渡した場合においては，時価等に基づき合理的に按分しなければならない（必ず時価等に基づく按分額でなければならない。）といった考えや資産ごとに譲渡価額を区分していない場合における按分規定であり，契約当事者の合意に基づき区分しているのであれば適用されない（合意した区分金額かどうかの判断において時価按分との合理性を判断）といった考えなどもありました。

　大阪地裁は，判示要旨のとおり，この「合理的に区分されていないとき」とは，「その客観的な価格と比較して著しく不合理なものであるといった事情があるとき」と判示し，原則として，売買契約で定められた合意に基づく代金額が「対価の額」であるとした上で，その合意に基づく内訳としての代金額がその資産の客観的な価格（時価等）と比較して著しく不合理なものであるといった事情があるときは，同項を適用し，同項に定める按分方法によって算出した額が「対価の額」となると判断したのです。

　また，この事件が係属する直前において，同じ大阪地裁の裁判部（同

じ裁判長）に係属していた筆者の担当事件で，国有財産の一般競争入札により一括して取得した土地と建物について，売買契約書に記載された建物の内訳額が固定資産税評価額から比べて低い金額であることから，消費税法施行令45条3項の「合理的に区分されていない」場合に該当し，同項に基づき算出（固定資産税評価額により按分）した建物価額が「対価の額」になるかどうか争われた事件（この事件とは逆のパターン）がありました。その事件では，大阪地裁の同裁判部は「建物付き土地の売買契約において，建物の内訳価格が固定資産評価額等よりも低い金額となることはあり得るというべきであり（競売や一般競争入札のような場合にはなおさらである。），建物の内訳価格が低額すぎるからといって直ちにその合意が違法無効とされるものでもないのであり，単に実勢価格との乖離があることのみをもって，本件売買契約の内容を原告の主張のように修正解釈（契約内容が合理的でない場合にこれを合理的な内容に修正する解釈のこと）すべき必要があるとは認められない。」と判示し，建物の内訳価額が時価（固定資産評価額等）に比べて低額であったとしても，そのことのみをもって同項に定める「合理的に区分されていない」こととはならない旨判断しました。

　以上のことから，土地（非課税）と建物を一括取得した場合における合理的に区分された額であるかどうかの判断ポイントとしては，土地と建物を一括譲渡した場合において，同項に定める「合理的に区分されていないとき」とは，単に区分されていないとき（契約書上区分されている場合であっても合意に基づく金額ではない場合には，区分されていないと解する。）は当然ながら，また，契約当事者の合意に基づく内訳金額である場合であっても，時価等と比較して著しく不合理であるなどの事情（税額控除その他の事情による恣意的な割振操作が該当するのではないかと思われる。）がある場合には，「合理的に区分されていないとき」に該当し，消費税法施行令45条3項の定め（時価による按分）によって

対価の額を算出することとなります。

　なお，同項の算定方法においては，「資産の譲渡の時における当該課税資産の価額と非課税資産の価額のうちに当該課税資産の価額の占める割合を乗じて計算した金額」と譲渡時の時価による按分計算を定めていますが，固定資産評価額が按分計算を行う時価に当たるのかどうかについては，この事件でも検討され判示されているとおり，各固定資産税評価額（両資産に係る固定資産税評価額）に基づく按分についても時価比による按分として相当と認めており，その他には，一般的に相続税評価額や取得原価（簿価ではない）による按分も時価に基づく算定方法とされています（なお，固定資産税評価額自体は時価ではなく，固定資産税評価額による按分が時価により按分した額に相当するとの判断ですから，時価が明らかな場合には，時価により按分することが原則となることに注意が必要です。）。

　ここで，この事件では，法人税における減価償却資産である建物の取得価額についても，按分計算後の取得価額が問題として争われたのですが，法人税法においては，消費税法施行令45条3項のような一括譲渡に関する規定はなく，法人税法施行令54条《減価償却資産の取得価額》1項1号イにおいて，「当該資産の購入の代価」と規定し，取得時における通常の価額，すなわち適正な価額（時価）であると解されています。このため，土地と建物を一括取得した場合においては，区分された金額（按分方法についての定めはありませんが，通常，消費税と同様に，時価，相続税評価額，固定資産税評価額，取得原価を基に計算します。）が適正な価額（時価）であるかどうかによることとなります。この事件においても，「土地（又は借地権）と建物が一括して売買された場合において，その売買契約において定められた土地（又は借地権）と建物それぞれの価額がその客観的な価値と比較して著しく不合理なものであるといった事情があるときには，合理的な基準により算出される合理的な

価額をいうと解するのが相当である。」と，消費税における判断と同様に判示しています。消費税法においては，合理的な基準により算出される価額が課税標準額となるのですが，法人税法における取得価額は，あくまでも時価ですから，合理的な基準により算出された価額が時価と異なる場合には，その差額は受贈益（寄附金）となります。つまり，消費税法は，合理的に区分されているかどうかの問題であり，合理的に区分された価額であるならば，時価と異なる価額であっても対価となる点においては，法人税と異なることに注意してください。

(3) 個別対応方式による仕入税額控除における用途区分の判断ポイント

イ 区分方法

事例32 大半が非課税売上げとなる調剤薬品等の仕入れが，課税・非課税売上対応用と判断された事例 〔平成18年2月28日裁決〕

裁決要旨

1 消費税法30条2項1号にいう「……その区分が明らかにされている」という規定に関しては，どの程度まで，どのような方法で，それぞれの区分を明確にしておけばよいのかは，現行法上明記されている規定はなく，消費税法基本通達11-2-18《個別対応方式の適用方法》において「……課税仕入れの中から課税資産の譲渡等にのみ要するものを抽出し，それ以外のものをすべて課税資産の譲渡等と課税資産の譲渡等以外の資産の譲渡等に共通して要するものに該当するものとして区分することは認められない」とされているにすぎない。

2 そうすると，事業者が，課税仕入れについて，合理的な根拠に基づいてこの3区分に区分をしている限りにおいては，当該区分が認められなければならず，また，当該区分を明らかにする方法については，

　消費税法30条7項の法定帳簿を区分経理しておくとか同条9項の請求
書等を区分編てつしておくとか，具体的な方法が消費税法上に規定さ
れていないことから，何らかの方法で事業者がその区分を明らかにし
ていれば，法定要件を満たしていると言わざるを得ない。
3　請求人は，調剤薬品等の仕入れについて，他の保険薬局から仕入れ
た調剤薬品等は非課税売上げのみに使用されることから，調剤薬品仕
入高勘定の「摘要」欄に「○○調剤薬局小分け，抜非」と記載するこ
とにより非課税売上対応分と区分し，また，問屋から仕入れた調剤薬
品等は課税売上げ用又は非課税売上げ用として使用されることから，
調剤薬品仕入高勘定の「摘要」欄に「○○月分，抜共」と記載するこ
とにより共通売上対応分と区分していることが認められる。
4　問屋から仕入れた調剤薬品等は，そのほとんどが非課税売上げ用と
して使用されているものであるが，現実的に①保険薬局への小分販
売，②医師の指示書による販売，③自費診療（患者負担10割）による
販売として課税売上げが発生していることから，その仕入れた時点に
おける区分は，課税売上げのみに要する課税仕入れ又は非課税売上げ
のみに要する課税仕入れとは認められないので，共通売上対応分の課
税仕入れとするのが相当である。
5　そうすると，請求人が課税仕入れに係る消費税等の額を①課税売上
対応分，②非課税売上対応分，及び③共通売上対応分としたことは，
調剤薬品等のほとんどが非課税売上げ用として使用されるとしても，
法令の趣旨に沿わない不合理な区分とまではいうことができないか
ら，この区分により個別対応方式による控除対象仕入税額を算出する
ことは相当であると認められる。

解　説

　この事例は，調剤薬局である請求人が，消費税の控除対象仕入税額の
算出において個別対応方式を選択し，健康保険等が適用される薬品等の
仕入れにおける課税売上げ等の対応区分を，他の保険薬局への小分販売
や医師の指示書による販売（通常は非課税売上げ），自費診療による販
売（通常は課税売上げ）にも当てられる場合もあることから，その仕入

れについて課税・非課税売上共通用として区分していたことが合理的で
あるかどうかが争われた審査請求事件です。

　国税不服審判所は，調剤薬品等のほとんどが非課税売上用として使用
されるとしても，法令の趣旨に沿わない不合理な区分とまではいうこと
ができないと，請求人の行った区分に基づく個別対応方式による控除対
象仕入税額の算出を相当であると判断しました。

　調剤薬品は，通常，非課税売上げとなるものであり，事後において，
例外的に自費診療等に係る課税売上げとなることがあるとしても，仕入
段階においては非課税売上げの用途区分であるとして課税庁は処分を行
ったものでした。消費税法30条《仕入れに係る消費税額の控除》2項は，「課
税資産の譲渡等にのみ要するもの」（課税売上用）と「課税資産の譲渡
等以外の譲渡等にのみ要するもの」（非課税売上用）及び「課税資産の
譲渡等と課税資産の譲渡等以外の譲渡等に共通して要するもの」（課
税・非課税売上共通用）の区分が明らかにされている場合に，その区分
に応じて算出する旨規定しており，この事案において，問屋から仕入れ
た調剤薬品等のほとんどが非課税売上用として使用されるものであった
としても，現実的には，少量であっても課税売上げとなるものがあるの
であれば，<u>課税売上げのみ</u>に要するものとはいえず，課税・非課税売上
共通用のものとなり，それらに基づき区分されていることは，3区分の
「区分が明らかにされている場合」に該当するというものです。

　よって，個別対応方式による仕入税額控除における用途区分において
は，①合理的な根拠に基づいて，課税仕入れを3つの用途区分に区分し
て帳簿で明らかにしているか，②区分に当たっては，現実の売上げ対応
に基づき客観的に区分しているか，が判断ポイントとなります。

　なお，3つの用途区分においては，課税売上用だけを区分しているこ
とは，区分していることにはならいことに注意すべきです（消基通11-2-
18《個別対応方式の適用方法》）。

　また，課税・非課税売上共通用の課税仕入れ等を，例えば，居住用及び居住用以外の建物の仕入れについて，建物の使用割合により合理的に区分するなど，合理的な基準により区分している場合には，次の 事例33 のとおり，「区分が明らかにされている場合」に該当し，当該区分したところにより個別対応方式を適用することができます。

事例33　賃貸建物の建設費における課税仕入れに係る用途区分の方法が，課税売上用と課税・非課税売上共通用に明確に区分されていると判断された事例
〔平成13年12月21日裁決〕

裁決要旨

1　消費税法基本通達11-2-19では，共通の資産の譲渡等に要するものに該当する課税仕入れ等であっても，合理的な基準により課非区分することが可能なものについて，その合理的な基準により区分している場合には，その区分計算を認め，それに基づいて個別対応方式が適用できる旨定めている。

2　請求人が本件建築費の課非区分に当たって採用した本件使用面積割合は，以下の理由により，消費税法基本通達11-2-19に定める合理的な基準であると認められる。

　A　事務所等用及び共同住宅用の用途（以下「各用途」という。）に共通して利用される建物については，各用途の使用面積に応じて利用されるので，その建物の利用の実態に応じた，各用途ごとの使用面積割合により，当該建物の建築費を課非区分することは，各用途ごとの建築単価がほぼ同一であれば合理的と認められる。

　B　建物の建築費のうち大部分を占める基礎工事，躯体工事，外装工事等の費用については，各用途に共通してかかる費用であり，その1平方メートル当たりの建築単価は同一と認められるので，これらの費用については，各用途ごとの使用面積割合による課非区分が合理的と認められる。

　C　本件建築費の見積額を基に，当審判所において試算したところ，①課税資産（事務所等）の譲渡等にのみ要する金額（31,774,984

円）とその他の資産（共同住宅）の譲渡等にのみ要する金額
（20,579,609円）との割合（およそ6：4）は，各用途ごとの使用
面積（事務所等681.99平方メートル，共同住宅248.75平方メート
ル）の割合（およそ7：3）と比較して，さほど明確な差異はなく，
かつ，②共通の資産の譲渡等に要する金額（263,745,407円）が，
本件建築費の見積額（316,100,000円）のうちの大部分を占めるこ
とから，本件建物の建築費全体に対して，本件使用面積割合に基づ
いてした本件の課非区分は合理的と認められる。

【解　説】

　この事例は，不動産の賃貸収入に係る個別対応方式よる控除対象仕入
税額の計算における用途区分について，当該賃貸不動産の建設費につい
て，請求人が行った課税売上用と課税・非課税売上共通用との区分が，
消費税法基本通達11-2-19《共通用の課税仕入れ等を合理的な基準により区分
した場合》に定める合理的な基準に基づいて行われた区分であり，個別
対応方式が適用できるかどうか（区分されていない場合には，一括比例
配分方式を適用）が争われた審査請求事件です。

　国税不服審判所は，請求人が行った使用面積割合による区分は，同通
達の定める合理的な基準により区分していると認められ，「区分が明ら
かにされている場合」に該当し，当該区分したところにより個別対応方
式を適用することができると判断しました。

ロ 判断時期

事例34 介護保険法の指定を受ける前に引渡しを受けた介護保険施設の課税仕入れに係る用途区分が，課税・非課税売上共通用と判断された事例 〔平成22年12月8日裁決〕

裁決要旨

1 課税仕入れを行った日の状況とは，当該課税仕入れを行う目的や当該課税仕入れに対応する資産の譲渡等がある場合には，その資産の譲渡等の内容等を勘案して判断するのが相当である。

2 請求人は，①本件課税期間より前に本件介護事業の適正事業者の決定を受け，本件施設の新築工事に着工し，本件課税期間中にその引渡しを受けたこと及び，②本件課税期間中に介護保険法に規定する地域密着型サービス事業を行う事業所の指定を受けるための指定申請書を提出し，同期間内にその指定通知書を受理していることからすれば，請求人は本件施設の取得日において，介護保険法の規定に基づく介護事業を行う目的で本件施設を取得したものと認められる。そして，本件介護事業に係る資産の譲渡等については原則として消費税は課されないこと，請求人は本件課税期間内において本件施設に関し自動販売機設置手数料を得ていることから，本件施設に係る課税仕入れの用途区分については，課税資産の譲渡等とその他の資産の譲渡等に共通して要するもの（共通用）に区分するのが相当である。

解説

この事例は，非課税となる介護保険法に基づく認知症対応型共同生活介護（グループホーム）を内容とする地域密着型サービス事業（消法別表第一・七イ）を行う施設（建物及び付属の構築物並びに当該施設内に設置する什器及び備品等）の取得における仕入税額控除に係る用途区分について，取得時においては，当該介護サービス事業の介護保険法の指定を受けておらず，非課税売上げが生ずる介護サービス事業を行うことは

不可能であり，当該取得の課税期間においては，当該施設に設置する自動販売機の設置手数料（課税売上げ）のみであることから，課税売上げにのみ要する課税仕入れであるかどうかが争われた審査請求事件です。

　国税不服審判所は，用途区分の判定については，課税仕入れを行った日の状況により行うこととなる（消基通11-2-20《課税仕入れ等の用途区分の判定時期》）ところ，この課税仕入れを行った日の状況とは，当該課税仕入れを行う目的や当該課税仕入れに対応する資産の譲渡等がある場合にはその資産の譲渡等の内容等を勘案して判断するのが相当と認められることから，当該施設の取得日において介護保険法の規定に基づく介護サービス事業を行う目的で当該施設を取得したものとみるのが相当であり，当該介護サービス事業に伴って種々の課税売上げが生ずるのが通常であることから，課税仕入れに係る個別対応方式の適用における用途区分は課税・非課税売上共通用であると判断しました。

　なお，この事例では，請求人である医療法人は，当該施設の他にも非課税売上げとなる医療や介護サービス事業を行っており，課税売上割合が低いことから，課税・非課税売上共通用の用途区分になると控除対象仕入税額が少なくなります。ただし，当該施設が介護サービス事業を開始する初めての施設であった場合には，用途区分が課税・非課税売上共通用であったとしても，当該施設の取得に係る課税期間において自動販売機設置手数料だけの課税売上げであれば，課税売上割合が100％となり，結果として全額を仕入税額控除できる結果となっていたのです。グループホームなど比較的小規模な施設等において，新規に介護サービス事業を開始する事業者においては，介護サービス事業等の認可前における施設等建物の取得における問題が生じ，還付スキーム事案とは異なるものとして，国税当局との争いになるケースも多くありました。

　しかしながら，平成22年度の税制改正による課税事業者を選択した事業者が調整対象固定資産（建物や機械装置といった棚卸資産以外の固定

資産で，100万円以上のもの）の仕入れを行った場合の特例措置や，平成28年度の税制改正による特定高額資産（1,000万円以上の棚卸資産又は調整対象固定資産）の仕入れ等を行った場合の特例措置によって，現在では，施設等建物の取得に係る仕入税額控除が制限又は調整されることとなっています。

ハ　用途区分

事例35　住宅貸付用マンションの損壊等による補修費用に係る消費税額は仕入税額控除することができないと判断された事例
〔神戸地裁平成14年7月1日判決，大阪高裁平成14年12月20日判決，最高裁平成15年6月24日上告等棄却〕

神戸地裁判決要旨
1　住宅に要する建物の補修は，まさに住宅貸付事業を営むために行われるものであることは明らかであるから，住宅貸付けと建物の補修費用との間に対価性を欠くということはできない。
2　また，消費税法上の規定からして，事業者が補修費用にかかる消費税額を家賃に転嫁して回収することが住宅貸付けを非課税取引とすることの前提となっているとは到底解することはできない。したがって，自然災害により補修を要した場合の補修費用が，住宅貸付事業と対価性を有しないこと，また，阪神大震災が局所的に生じたものであることから家賃の値上げができないことなどにより家賃への転嫁による回収ができない場合には補修費用にかかる消費税額を控除することができると解することはできず，またそのような取扱いが，慣習法ないし一般的に広く認められた取扱いであると認めるに足りる証拠もない。

解　説
　この事例は，住宅貸付用のマンションが自然災害（阪神淡路大震災）

によって損壊したため補修工事を行ったが，当該マンションの補修費用が非課税売上げたる住宅貸付けに対応する課税仕入れ（非課税資産の貸付けにのみ要するもの）に該当するかが争われた事件です。原告は，「本来であれば，住宅貸付けの仕入れに係る消費税額は，最終的には消費者たる借主が負担するものであり，貸主が負担すべきものではない。したがって，住宅貸付けによる売上げが非課税売上げとされ，貸付けに要した住宅の補修費用等に対する消費税額について仕入税額控除を認めないことが許されるのは，仕入れに係る消費税額相当分を家賃に上乗せして消費者たる賃借人に請求することが可能であることを前提としている。しかしながら，震災によって生じた補修費用に対する消費税額については，補修の必要を生じさせた消費者がそもそも存在しないため，これを家賃に転嫁することができない。消費税法は，売上げとそれに係る仕入れが対価性を有するかを含めて実質判定しているというべきである。だとすれば，非課税売上げとされる住宅貸付事業においても，課税仕入れに係る資産が受けた損害につき，加害者が不明な場合，自然災害の場合等通常の住宅賃貸事業において一般事業者の想定外であるような場合には，貸主が支出した費用は非課税化された家賃とは対価関係がないというべきであり，仕入税額控除が認められるべきである」旨主張しました。

　神戸地裁は，個別対応方式においては，課税売上げ以外の売上げ（非課税売上げもこれに含まれる。）に要するものに係る消費税額については，仕入税額控除を認めておらず（消法30②一），非課税売上げに要する仕入れが必要となった原因やその転嫁，回収の有無及び可否によっては仕入税額控除を認める場合があるといった例外規定は現行法上何ら設けられていないため，非課税売上げに要した課税仕入れに係る消費税額については，仕入控除税額の計算方法につき個別対応方式を選択した場合には，これを仕入税額控除することができないことは明らかである旨判

示し，震災等による損壊のため貸主が負担する補修費用であり，その費用を直接貸主に転嫁できない，つまり非課税売上げとしての賃料として転嫁できないものであっても，非課税売上げである住宅貸付けに対応する仕入れに該当すると判断しました。

この事例では，消費税の最終消費者への転嫁としての趣旨から考えると，当該補修費用を借主へ転嫁しておらず，その補修費用に係る非課税売上げはないことから，当該補修費用が非課税売上げに対応する費用ではないようにも考えられますが，大阪地裁が判示するとおり，用途区分の判断に当たっては，課税仕入れ等があった時点における事業目的等に照らして将来生ずるであろう課税売上げ又は非課税売上げ等のいずれの売上げを得るための用途として，直接的又は間接的に供されるかによって判定することが判断ポイントとなります。

そして，課税仕入れにおける用途区分は，課税仕入れを行った時において，その課税仕入れ等の状況及び目的等により判定し，その結果が課税仕入れの時の状況どおりとなったかどうかは問わないことから，販売用の棚卸資産として課税仕入れを行ったものについて，現実には販売されず寄附に使用されたような場合においても，その課税仕入れの用途区分の修正は必要ないこととなります。また，棚卸資産に該当する販売用の建物について，販売する前に賃貸用に供した場合においても，課税仕入れの時における課税仕入れの目的は販売用であったのであり，課税売上用として用途区分の修正は必要ないこととなりますから，課税仕入れの用途区分は，課税仕入れを行った時におけるその課税仕入れの活用目的等の状況により判断することから，その判定が必ずしも活用等の結果と一致しないことも生じることとなります。

事例36 住宅用の賃貸料収入のある住宅建物を販売目的で仕入れた場合における用途区分が，課税・非課税売上共通用と判断された事例

〔東京地裁令和元年10月11・16日判決，東京高裁令和3年4月21日判決（上告等）〕

東京地裁判決要旨

1 本件においては，①原告は，不動産の買取再販売を主な事業としていること，②原告は，本件各建物をいずれも事業として購入し，いずれも会計システムに棚卸資産として入力していること，③本件各建物の全部又は一部は，購入時に住宅用として賃貸されており，購入によって，原告は，賃貸人としての地位を承継し，引渡日以降の賃料を収受していたことが認められる。

2 これらの事情を踏まえ，本件各課税仕入れが行われた日の状況に基づいて検討すると，本件各建物は，本件各課税仕入れが行われた日の状況において，販売に供されるとともに，一定の期間，住宅用の賃貸にも供されるものであったと認められることから，課税資産の譲渡等にのみ要するものとはいえず，また，その他の資産の譲渡等にのみ要するものともいえないのであって，本件各課税仕入れは，共通課税仕入れに該当するというべきである。

3 原告は，棚卸資産として計上した建物についてできるだけ短期間で販売することを事業方針とし，本件各課税期間以前に販売した建物に関する平均事業期間は7か月以下であったとして，本件各建物の全部又は一部が購入時に住宅用として賃貸されていたことは考慮されるべきではない旨主張する。しかしながら，原告の主張を前提にしたとしても，本件各建物は，その購入当時に一定の期間は住宅用貸付けに供され，原告が賃貸料を収受することが見込まれていたといえるのであって，購入当時に，具体的に住宅用貸付けが短期間で終了することが予定されていたような事情も見当たらないことも踏まえると，やはり，本件各課税仕入れは共通課税仕入れに該当するというべきであって，原告の主張は採用することができない。

解　説

　この事例は，中古不動産の買取再販売を主な事業とする事業者（原告）が，転売目的で賃貸マンション用の建物を購入した場合（棚卸資産として計上）に，その建物にはその事業者が購入した時点において賃借人が存在する場合においても，建物を転売目的で購入することから，その課税仕入れは課税売上げにのみ要するものとしてよいのか，それとも現に居住者が存在する以上，住宅の貸付けの用途にも供されることは明らかであることから，課税・非課税売上共通用の課税仕入れに該当するのかが争われた事件（ムゲンエステート事件）です。

　東京地裁は，その課税仕入れの用途区分の判定については，当該課税仕入れが行われた日の状況に基づいて客観的に解するのが相当であり，当該各建物はその購入当時に一定の期間は住宅用貸付けに供されているので，当該課税仕入れは課税・非課税売上共通用の用途区分であると判断しました。

　この事例は，各国税局の国税訟務官と国税庁及び法務省の担当者が集まって討議が行われる協議会の課題となった事件で，筆者は大阪国税局の主任国税訟務官として意見作成等を担当しました。この事例でも争点となった課税仕入れにおける用途区分は，前記 事例34 で述べたとおり，課税仕入れを行った時において，その課税仕入れ等の状況及び目的等により判定することとなり，販売（譲渡）の目的で購入（仕入）した賃貸マンションに係る課税仕入れの用途区分が，購入時に棚卸資産としている状況や将来においては販売する目的のものであったとしても，一部，短期間の付随的な賃料収入があることをもって，課税・非課税売上共通用と判定すべきであるかどうかが問題となりました。この事件では，各賃貸マンションとも7か月程度で販売されている状況であり，土地と共に販売している状況によって課税売上割合は低くなることから，用途区分が課税・非課税売上共通用になると控除対象仕入税額が少なく

なる結果ともなっていたのであり，他にも多くの争訟事件となる事例も
生じる状況でもありました。

　そして，ほぼ同時期に東京地裁に係属された同様の事件（ADW事
件）の東京地裁令和2年9月3日判決では，「原告が本件事業において
仕入れた収益不動産を賃貸して得られる賃貸収入は，当該収益不動産の
販売を行うための手段としての賃料から不可避的に生じる副産物として
位置づけられるものであって」，「賃料収入が見込まれることをもって本
件各課税仕入れにつき『その他の資産の譲渡等』にも要するものとして
共通対応課税仕入れに区分することは，本件事業に係る経済実態から著
しくかい離するばかりでなく，課税仕入れに係る消費税額について税負
担の累積を招くものとそうでないものとのに適正に配分するという観点
に照らしても相当性を欠くものといわざるを得ない。」と課税売上用の
用途区分が相当であると判断し，原告の請求を認めました（なお，
AWD事件の控訴審である東京高裁令和3年7月29日判決においては，
上記ムゲンエステート事件と同様の判断により，逆転判決で納税者の請
求を棄却しています。令和4年5月現在最高裁へ上告等が行われている
状況です。）。

　また，消費税導入後しばらくは，課税仕入れを行った段階で，棚卸資
産とするなど，販売目的での仕入れである場合には，一般的に課税売上
用の用途区分と判定することが国税部内において周知されていたと筆者
も記憶しています（なお，国税不服審判所における平成17年以降の裁決
による課税・非課税売上共通用の課税仕入れであるとの判断以降は，共
通用の用途区分とし取り扱われていると思われます。）。原告も，当時に
おける国税OBの執筆書籍や国税部内の質疑応答集等でもそのような記
載が行われていた旨主張しており，この事件の控訴審判決である東京高
裁令和3年4月21日判決では，課税仕入れの用途区分については，東京
地裁判決と同様に判断して原告の請求を棄却するものの，税務当局は，

従来の見解を変更したことが窺われるが，その変更を納税者に周知するなど定着するための必要な措置を講じているとは認められないとして，過少申告加算税の賦課決定処分を取り消す判断（正当な理由）をしました。国側はこの部分について上告しており，別途裁判のADW事件の控訴審である東京高裁令和3年7月29日判決では，当該過少申告加算税処分を取り消す判断はしていません。

　以上のとおり，販売目的で仕入れた居住用マンションに係る課税仕入れの用途区分については，判断の困難なものであったものの，ムゲンエステート事件及びADW事件の各裁判共に高裁判決では，課税・非課税売上共通用の用途区分として判定する旨判断しました。このことから，個別対応方式による仕入税額控除における用途区分の判断においては，課税仕入れを行った時において，その課税仕入れ等の状況及び課税仕入れの目的等により判定し，その課税仕入れの目的の判定に当たっては，主観的な将来の目的だけでなく，課税仕入れを行った時における状況等からの客観的に生じ得る課税売上げ（又は非課税売上げ）をも考慮して判定することが必要となります。

　この事例では，当該居住用マンションを販売目的で仕入れたものであったとしても，同時に賃料債権を譲り受けており，購入時の段階で客観的に非課税売上げである賃料収入が生じることは意図した購入であると認められることから，当該賃料収入が少額であったとしても，「課税資産の譲渡等にのみ要するもの」には該当しないと判断するものです。このため課税・非課税売上共通用の課税仕入れとなることによって仕入税額控除に適用される課税売上割合が，事業者の実態を適正に反映していない場合においては，その課税売上割合に代えて課税売上割合に準ずる割合によって計算する余地があることとなります。

　なお，令和2年度税制改正において，居住用賃貸建物に係る仕入税額控除については，制限規定が設けられたことから，令和3年4月1日以

後においては，仕入税額控除の対象とならないことが明確となっています（令和 5 年10月施行の消法30⑩）。

不動産取引における用途区分の判断事例

 事例36 のような，非課税となる土地取引における用途区分の判断については困難を要する場合もありますので，以下に主な判断事例を示します。

① **居住用マンションを建築するための地盤改良工事費用**

　　居住用マンションを建築するための地盤改良工事に係る工事費用は，居住用マンションを建築してその居住用マンションを住宅として貸し付けるために必要なものですから，非課税売上用に該当します。

② **販売目的で取得した土地を一時的に資材置場として利用した場合の造成工事費用**

　　販売用の土地の造成費用は非課税売上用に該当することとなり，販売目的で取得した土地に対して，取得後に一時的に資材置場として使用した場合であっても，非課税売上用に該当します。

③ **貸ビル建築用に取得した土地に存していた旧土地所有者の建物の撤去費用**

　　取得した貸ビルの建築予定地にある建物を撤去するために支出した費用は，土地そのものの取得（非課税仕入れ）ではなく，建物の撤去という役務の提供の対価としての課税仕入れとなり，貸ビルを建築してこれを貸し付けるためのものですから，課税売上用に該当します。

④ **土地付の新たな建物を販売する目的で購入した建物の取得費及び取壊し費用**

　　土地及び建物を購入して，その建物を取り壊した上で新たな建物

を建築して土地付建物として販売するための既存建物の購入費及び取壊費用は，その土地に新たな建物を建築して土地付建物として販売するために必要なものですから，課税・非課税売上共通用に該当します。

⑤　**更地にして販売するために購入した土地に存していた建物の取得費及び取壊し費用**

　　土地の販売のために必要なものですから，非課税売上用に該当します。

なお，老朽化して資産価値がない建物など，本来売主において取り壊して引き渡すべきところ，その取壊しを買主に委ねている実態にあり，その取壊しを予定して土地の売買代金の額として売買契約をしている場合は，その売買代金の額を土地の譲渡の対価（非課税）として取り扱って差し支えないものとされています。

(4)　課税売上割合に基づく仕入税額控除の判断ポイント

事例37　**課税売上げがない（課税売上割合０％）課税期間においては，調整対象固定資産の仕入れに係る消費税額を控除することはできないと判断された事例**
〔福岡地裁平成７年９月27日判決，福岡高裁平成８年７月17日判決，最高裁第一小法廷平成11年６月24日判決〕

福岡地裁判決要旨

1　消費税法30条は，１項において，課税期間の課税仕入れ等に係る消費税額（全額）を控除することを定めつつ，２項において，その例外として，課税期間における課税売上割合が95パーセントに満たない場合には，個別対応方式又は一括比例配分方式により控除すべき課税仕

入れ等の税額を計算することを定めているところ，本件の場合，原告の本件課税期間の資産の譲渡等の対価の額は20万5,919円，本件課税期間の課税資産の譲渡等の対価の額は0円であって，課税売上割合は0パーセントとなり，95パーセントに満たないので，法30条2項が適用されることは明らかである。

2 また，消費税法33条は，調整対象固定資産の仕入れに係る税額控除の調整に関する規定であるが，それは調整対象固定資産を仕入れた日の属する課税期間から起算して第3年度の課税期間において調整することのみを定めており，それ以外の課税期間，殊に原告の主張するような当該仕入れが行われた日の属する課税期間における調整を認めておらず，他にそのような調整を認めた規定は存しない。

【解 説】

　この事例は，医薬品小売，保険調剤等を営む法人（原告）が，設立年度の課税期間（課税事業者を選択）において取得した調整対象固定資産である建物，車両等に係る消費税（一括比例配分方式を採用）について，課税売上げがないため課税売上割合が0％であり，課税売上割合が95％未満であっても，調整対象固定資産については全額の課税仕入れが認められるかどうか争われた事件です。原告は，調整対象固定資産については，仕入れをした日の課税期間において，一旦全額を控除し，第3年度の課税期間において消費税法33条《課税売上割合が著しく変動した場合の調整対象固定資産に関する仕入れに係る消費税額の調整》の規定によって所要の調整を行えば足りると主張しました。

　福岡地裁は，消費税法33条の調整対象固定資産に係る調整は，第3年度の課税期間においてすることのみ定めており，課税仕入れが行われた課税期間における調整は認めていないことから，当該調整対象固定資産に係る仕入税額控除は認められないと判断しました。

　この事例において原告は，設立初年度で，課税売上げがないことから，課税売上割合が0％となる課税期間において，設備投資や器具備品

等の取得に係る仕入税額控除が問題となりました。消費税法30条《仕入れに係る消費税額の控除》は，１項において，その課税期間の課税仕入れ等に係る消費税額は原則として全額控除することを定めつつ，２項において，その例外として，その課税期間における課税売上割合が95％未満の場合（平成24年４月１日以後に開始する課税期間については，課税売上高が５億円を超える場合においても），個別対応方式又は一括比例配分方式により控除すべき課税仕入れ等の税額を計算することを定めています（いわゆる「95％ルール」）。このため，課税売上割合が95％未満である場合には，個別対応方式においては課税・非課税売上共通用の仕入税額，一括比例配分方式においては仕入税額の全額のうち，課税売上割合により算定された仕入税額が控除対象税額となります。

　ここで，課税売上割合とは，課税売上高及び免税売上高と非課税売上高の合計額（分母）に対する課税売上高及び免税売上高の合計額（分子）の割合（詳細は126頁参照）ですから，その課税期間において，課税売上高等がない（分子が０円）であっても，非課税売上高が１円でもあれば，例えば，非課税である預金利息などが１円でもあれば，課税売上割合は95％未満となります。つまり，課税売上割合が存在する以上，課税売上割合が０％であっても，その割合は95％未満ですから，課税売上割合による控除税額の計算が必要となります。そのため，一括比例配分方式を採用する場合には，全額が控除対象とならなくなるのですが，個別対応方式を採用することにより，課税売上用の課税仕入れであれば控除対象となりますから注意が必要です。

　なお，非課税売上げもなく，分母，分子ともないことから課税売上割合が計算できない場合，つまり課税売上割合が存在しない場合には，消費税法30条２項の「課税売上割合が95％に満たないとき」に該当しませんから，課税売上割合による控除税額の計算は必要なく，結果として，仕入れに係る消費税額の全額が控除できることになると解されています。

（5）　**請求書等保存要件に該当するかどうかの判断ポイント**

事例38　税務調査における帳簿等の提示拒否が消費税法30条7項の帳簿等を「保存しない場合」に該当すると判断された事例
〔前橋地裁平成12年5月31日判決，東京高裁平成13年1月30日判決，最高裁第一小法廷平成16年12月16日判決〕

最高裁判決要旨

1　消費税法が事業者に対して帳簿の備付け，記録及び保存を義務付けているのは，その帳簿が税務職員による検査の対象となり得ることを前提にしていることが明らかである。そして，事業者が国内において課税仕入れを行った場合には，課税仕入れに関する事項も同法58条《帳簿の備付け等》により帳簿に記録することが義務付けられているから，税務職員は，帳簿を検査して納税義務者の行った資産の譲渡等に関する事項が記載されているかどうかなどを調査することができる。

2　消費税法30条7項《仕入れに係る消費税額の控除》は，当該課税期間の課税仕入れ等の税額の控除に係る帳簿又は請求書等が税務職員による検査の対象となり得ることを前提にしているものであり，事業者が，国内において行った課税仕入れに関し，同法30条8項1号所定の事項が記載されている帳簿を保存している場合又は同条9項1号所定の書類で同号所定の事項が記載されている請求書等を保存している場合において，税務職員がそのいずれかを検査することにより課税仕入れの事実を調査することが可能であるときに限り，同条1項を適用することができることを明らかにするものであると解される。

3　消費税法施行令50条1項《課税仕入れ等の税額の控除に係る帳簿等の保存期間等》は，消費税法30条1項《仕入れに係る消費税額の控除》の規定の適用を受けようとする事業者が，同条7項に規定する帳簿又は請求書等を整理し，所定の日から7年間，これを納税地又はその取引に係る事務所，事業所その他これらに準ずるものの所在地に保存しなければならないことを定めているが，これは，国税の更正，決定等の期間制限を定める国税通則法70条《国税の更正，決定等の期間制限》

　が，その5項において，その更正又は決定に係る国税の法定申告期限
　等から7年を経過する日まで更正，決定等をすることができると定め
　ているところと符合する。
4　消費税法30条7項《仕入れに係る消費税額の控除》の規定の反面と
　して，事業者が帳簿又は請求書等を保存していない場合には同条1項が
　適用されないことになるが，このような法的不利益が特に定められた
　のは，資産の譲渡等が連鎖的に行われる中で，広く，かつ，薄く資産
　の譲渡等に課税するという消費税により適正な税収を確保するには，
　帳簿又は請求書等という確実な資料を保存させることが必要不可欠で
　あると判断されたためであると考えられる。
5　事業者が，消費税法施行令50条1項《課税仕入れ等の税額の控除に係
　る帳簿等の保存期間等》の定めるとおり，消費税法30条7項《仕入れに
　係る消費税額の控除》に規定する帳簿又は請求書等を整理し，これらを
　所定の期間及び場所において，同法62条《当該職員の質問検査権》に基
　づく税務職員による検査に当たって適時にこれを提示することが可能
　なように態勢を整えて保存していなかった場合は，同法30条7項にい
　う「事業者が当該課税期間の課税仕入れ等の税額の控除に係る帳簿又
　は請求書等を保存しない場合」に当たり，事業者が災害その他やむを
　得ない事情により当該保存をすることができなかったことを証明しな
　い限り（同項ただし書），同条1項の規定は，当該保存がない課税仕入
　れに係る課税仕入れ等の税額については，適用されないものというべ
　きである。

[解　説]

　この事例は，税務調査の際に，仕入税額控除に係る帳簿又は請求書等
を提示しなかった場合，消費税法30条《仕入れに係る消費税額の控除》7項
にいう「保存しない場合」に該当するのかどうかが争われた事件です。
大工工事業を営む個人事業者（上告人）は，消費税の申告を行わず，ま
た，事業所得に係る総収入金額と必要経費を記載せずに所得税の申告を
行っていました。所轄税務署による調査において，数回にわたり事業所
へ臨場し，帳簿書類を提示して調査に協力するよう求めましたが，帳簿

書類の提示を拒絶して調査に協力しなかったことから，反面調査等の調査により把握した総収入金額に基づき消費税額を算出した上で，仕入れ及び経費に係る課税仕入れに係る消費税額については，消費税法30条7項が規定する「事業者が当該課税期間の課税仕入れ等の税額の控除に係る帳簿又は請求書等を保存しない場合」に該当するとして，同条1項に定める仕入税額控除を行わないで行った消費税の決定処分について，当該決定処分が違法であるかどうかが争点となりました。

　最高裁は，申告納税方式の下では，納税義務者のする申告が事実に基づいて適正に行われることが肝要であり，必要に応じて税務署長等が確認することができなければならないとし，そのための制度として，事業者の帳簿等の保存義務（消法58），税務職員の帳簿等の調査権限（消法62〔通則法74の2〕），調査拒否等に対する罰則（消法68〔通則法127〕）があることを指摘して，消費税法30条7項は，消費税法58条（帳簿の備付け等）の場合と同様に，仕入税額控除に係る帳簿等が税務職員による検査の対象となり得ることを前提にしており，帳簿を保存している場合において，税務職員が検査することにより課税仕入れの事実を調査することが可能であるときに限り，消費税法30条1項を適用することができる，すなわち，税務調査において「適時にこれを提示することが可能なように態勢を整えて保存していなかった場合」も，消費税法30条7項にいう「保存しない場合」に当たると解釈し，当該決定処分を適法であると判断しました。この最高裁判決は，この論点について初めて判断したもので，その後の他の最高裁判決でも踏襲されています。

　我が国消費税は，売上げに係る消費税額から仕入れに係る消費税額を控除して消費税額を求めるという付加価値税の性質を持ち，課税仕入れに係る消費税額を控除する仕入税額控除は，税を消費者に転嫁し税負担の累積を排除することを目的とする消費税の最も重要な要素です。

　フランスなど古くから付加価値税を導入する国では，インボイス方式

による仕入税額控除を採用していますが，我が国では消費税導入当初の経緯から帳簿等の記帳に基づく帳簿方式によっており，実体法上は仕入税額控除を前提としながらも，課税仕入れに係る適正かつ正確な消費税額を把握するため，換言すれば真に課税仕入れが存在するかどうかを確認するために，適法な帳簿等を適法に保存するという手続法上の要件を厳格に定めて，仕入税額控除の適正化を図るよう制度設計されています（なお，平成28年度改正により，令和5年10月から適格請求書等保存方式，いわゆるインボイス制度が導入，施行され，保存の要件となる請求書等については，適格請求書発行事業者の氏名又は名称及び登録番号並びに課税仕入れの年月日，内容等が記載された適格請求書又は適格簡易請求書とされました。）。

　なお，この裁判では，税務調査時に帳簿等を提示せず，決定等の処分を受けた納税者が，再調査の請求（通則法改正前の異議申立て）や審査請求などの不服申立て又は裁判所への取消訴訟において，帳簿等を証拠として提出し，調査時には，作成，保存されていた（提出しなかっただけ）のであるから，消費税法の保存要件に該当して仕入税額控除を認めるよう求める（いわゆる「帳簿等の後出し」）ことの許否については判示していませんでした。この点については，東京地裁平成25年11月12日判決において，以下のように判断しています。

　この事案で，原告は，「平成16年各最高裁判決は，帳簿等の不提示は不存在を推認させるものであって，実際に帳簿等が保存されている場合にまで仕入税額控除の否認を認めたものではない」，更に，「納税者は，訴訟において，仕入消費税の支払を証拠に基づき実額で立証（実額反証）することができ，その場合には仕入税額控除の否認は認められない」とも主張しました。しかしながら，東京地裁は，「原告は，納税者は，争訟手続において，帳簿等の保存の事実を主張立証することができる旨を主張する。しかし，事業者が，同項に規定する帳簿等を整理し，

これらを所定の期間及び場所において，同法62条に基づく税務職員による検査に当たって適時にこれを提示することが可能なように態勢を整えて保存していなかった場合は，同法30条7項にいう『事業者が当該課税期間の課税仕入れ等の税額の控除に係る帳簿及び請求書等を保存しない場合』に当たるものというべきであって，上記主張がこれと異なる趣旨をいうのであれば，採用することはできない。さらに，原告は，消費税に係る仕入税額控除の実体要件は，課税仕入れに係る消費税の仕入先への支払であり，帳簿等の保存という手続要件如何によって，仕入税額控除という実体的権利を喪失させることはできないなどとして，納税者は，訴訟において，課税仕入れに係る消費税額を実額又は推計により主張立証することができ，その場合には仕入税額控除の否認は認められない旨を主張する。しかし，同法30条7項は，『事業者が当該課税期間の課税仕入れ等の税額の控除に係る帳簿及び請求書等を保存しない場合』には，災害その他やむを得ない事情により当該保存をすることができなかったことを当該事業者において証明しない限り，同条1項の仕入税額控除の規定を適用しないものと定めているのであって，上記主張のような解釈を採る余地はない。」と，調査時点において帳簿等を現実に保管していたかどうかにかかわらず，適時に提示することが可能な態勢を整えて保存することをしていなかったというべきであるから，消費税法30条7項に規定する帳簿等を「保存しない場合」に該当すると判断しています。

　また，帳簿等の保存はあるものの仕入先の氏名等を仮名で記載したり，仕入金額を水増ししたりするなど，消費税法30条7項の帳簿及び8項の請求書等に記載すべき事項である仕入れの相手方の氏名又は名称や仕入れの内容並びにその支払対価の額が真実と異なるものであった場合，つまり課税仕入れの事実が存在した場合でも，帳簿等の記載要件の形式的不備がある場合は，消費税法30条7項に規定する仕入税額控除の

要件に該当しない「保存しない場合」に該当するかどうかが争われた事案として，東京地裁平成9年8月28日判決（アーム事件）があります。この判決では，「法30条8項が『前項に規定する帳簿とは，次に掲げる帳簿をいう。』と規定していることからすれば，同条7項で保存を要求されている帳簿とは同条8項に列記された事項が記載されたものを意味することは明らかであり，また，同条7項の趣旨からすれば，右記載は真実の記載であることが当然に要求されているというべきである。」と判示し，帳簿等の記載内容が真実と異なる場合においても，消費税法30条7項に規定する帳簿等を「保存しない場合」に該当すると判断しています。

　このため，水増しの請求書等については，水増しの額は当然ながら，実際の仕入れに係る消費税額についても請求書等を保存していない場合に該当し，仕入税額控除は認められないこととなります。

　以上のとおり，消費税法30条7項は，仕入税額控除が認められる要件として，課税仕入れに係る法定の事項を記載した帳簿等の保存を要件とし，当該帳簿等を保存しない場合は，災害その他やむを得ない事情により保存できなかったことにつき納税者が証明したときを除き，仕入税額控除は認められないこととしており，「保存しない場合」には，税務調査に対する不提示（提示拒否）も含まれることになります。

　筆者は，消費税導入時に大阪国税局の消費税課及び法人課税課で消費税の運営・調査指導を担当していましたが，この消費税法30条7項の帳簿等保存規定は，消費税における基幹的，最も重要な規定の一つであり，この帳簿等保存規定の法令解釈として，不提示が「保存しない場合」に該当するのか，不服申立てや訴訟で証拠提出された場合であっても「保存しない場合」に該当するのかといったことなど，その執行に当たっての取扱いについて国税庁での会議等において検討，協議が行われ，将来におけるインボイス制度導入も想定し，適正かつ厳格な執行が求められ

ました。しかしながら，所得税や法人税などの所得課税の税では，帳簿等が不提示のため推計課税を行う場合においても，売上除外に係る仕入額については認容した所得額により課税処分を行ったり，借名の仕入れや水増し経費であっても，事実としての仕入れや経費支払がある場合には認容した所得額により課税処分を行うことが通常であることから，新たに導入された消費税において，当該帳簿等保存規定によって，推計課税の場合には，推計によって課税売上額を算出するものの，仕入税額については，仕入事実が実際に存在したとしても仕入税額控除しない，また，仮名・借名の仕入れや水増し経費においても，帳簿等を「保存しない場合」に該当するとして，当該仕入税額全額の控除を認めないといった帳簿等保存規定の厳格な適用を税務署にも指示していました。

　また，当時は，調査臨場での帳簿不提示を行う税務調査に非協力的な団体及び絵画のブローカー，密漁による魚介類や横流し医薬品など仕入先を秘匿する業態等に対する調査等において，消費税導入時からの厳格，的確な執行を図るよう，調査等において帳簿等の提示がなかった場合に，その不提示の理由が災害その他やむを得ない事情によるものでないことを確実に確認し，後日の争訟等における立証に備え，再三再四の臨場による提出の要請を徹底させた上での厳格な課税処分を行ってきましたが，上記裁判例においても法令解釈として支持されたことからも，現在においても厳格な執行が行われています。そして，消費税導入後30年を経て，我が国においても，令和5年10月からインボイス制度（適格請求書等保存方式）が導入されることとなっており，導入後は，適格請求書を発行することができる適格請求書発行事業者から交付を受けた適格請求書（いわゆる日本型のインボイス）の保存及び調査での提示が仕入税額控除の要件となり，これによって，消費税を支える前段階税額控除のための基幹的制度として，更に，厳格かつ的確な執行が行われると思われます。

第8
簡易課税制度

1　簡易課税制度の概要

　簡易課税制度とは，中小事業者の事務負担に配慮して設けられた制度で，その課税期間の「課税資産の譲渡等（輸出免税等の規定により消費税が免除されるものを除く。）に係る課税標準額に対する消費税額（課税売上げに係る消費税額）」から控除の対象となる課税仕入れ等に係る消費税額の合計額（控除対象仕入税額）を計算する方法（消法37）です。

　具体的には，その課税期間における「課税資産の譲渡等に係る課税標準額に対する消費税額」に一定の率（みなし仕入率）を乗じた額と特定課税仕入れに係る消費税額等の合計額を，その課税期間における控除対象仕入額とみなす制度です。

　なお，このみなし仕入率を事業者の営む事業ごとに正確に適応するために，事業者が営んでいる事業の種類を正しく判定して区分することが求められます。

2　適用対象となる事業者，課税期間

　簡易課税制度の適用を受けるための要件（消法37①，消令56）は，次のとおりです。

①　課税事業者の基準期間における課税売上高が，5千万円以下であること

②　「簡易課税制度選択届出書」を，原則として，簡易課税制度を適用しようとする課税期間の開始の日の前日までに提出していること

　　(注)1　新たに事業を開始した事業者や相続等により新たに課税事業者となった事業者については，その提出した日の属する課税期間からの適用が認められます（消法37③，消令56①）。

　　　　2　課税事業者選択届出書を提出して課税事業者となった事業者又は新設法人に該当する事業者が調整対象固定資産の課税仕入れ等を行い，一般課税で申告した場合には，その調整対象固定資産の課税仕入れの日の属する課税期間の初日から原則として3年間は，簡易課税制度を選択できません（消法37③）。

　　3 簡易課税制度を選択した事業者が適用をやめようとするとき
　　は,「消費税簡易課税制度選択不適用届出書」の提出を要します
　　(消法37⑤)。ただし, この不適用届出書は, 事業を廃止した場合
　　を除き, 同制度の適用を開始した課税期間の初日から2年を経過
　　する日の属する課税期間の初日以後でなければ提出できません
　　(消法37⑥)。
　　4 簡易課税制度の選択届出書の効力は不適用届出書を提出しない
　　限り失われないため, 基準期間の課税売上高が5千万円を超えた
　　り, 免税事業者になり適用を受けない課税期間があっても, その
　　後の課税期間において基準期間の課税売上高が5千万円以下の課
　　税事業者になれば, 同制度の適用を受けることになります (消基
　　通13-1-3《簡易課税制度選択届出書の効力》)。

3 みなし仕入率

　みなし仕入率は, 事業ごとに以下のみなし仕入率表のとおり定められ
ています (消法37①, 消令57①⑤⑥)。

　仕入控除税額は, まず課税期間中に事業者が行った課税資産の譲渡等
(課税売上げ) を第一種事業から第六種事業に区分 (事業区分) し, 事
業区分ごとに当該課税期間における課税標準の合計額に対する消費税額
を算出し, その上で該当する事業区分のみなし仕入率を適用して計算し
ます。

≪みなし仕入率表≫

事業区分	みなし仕入率	該当する事業
第一種事業 （卸売業）	90％	卸売業（他の者から購入した商品をその性質及び形状を変更しないで，他の事業者に販売する事業）
第二種事業 （小売業）	80％	小売業（他の者から購入した商品をその性質及び形状を変更しないで販売する事業で，第一種事業以外のもの→消費者に販売する事業で農業，林業，漁業のうち飲食料品の譲渡を含む。）
第三種事業 （製造業等）	70％	農業，林業，漁業，鉱業，建設業，製造業（製造小売業を含む。），電気業，ガス業，熱供給業及び水道業（第一種事業又は第二種事業に該当するもの及び加工賃その他これに類する料金を対価とする役務の提供を行う事業並びに農業，林業，漁業のうち飲食料品の譲渡を除く。）
第四種事業 （その他の事業）	60％	第一種事業，第二種事業，第三種事業，第五種事業及び第六種事業以外の事業。例えば，飲食店業等が該当するほか，固定資産の譲渡も該当する。
第五種事業 （サービス業）	50％	第一種事業から第三種事業までの事業以外の事業のうち，運輸通信業，金融業・保険業，サービス業（飲食店業に該当する事業を除く。）が該当する。
第六種事業 （不動産業）	40％	第一種事業，第二種事業，第三種事業及び第五種事業以外の事業のうち，不動産業が該当する。

4　二以上の事業を行っている場合のみなし仕入率

　イ　原則

　　事業区分ごとの課税標準の合計額に対する消費税額に，事業区分ごとのみなし仕入率を乗じたものの加重平均値となります（消令57②）。

　ロ　特例

①　一事業に係る課税売上高が75％以上の場合

　　二以上の事業を営む事業者で，特定の一事業のその課税期間の課税売上高が全体の75％以上を占める事業者については，その75％以

上を占める事業のみなし仕入率をその事業者の課税標準の合計額に対する消費税額の全体に対して適用することができます（消令57③一）。

② 二事業に係る課税売上高が75％以上の場合

三以上の事業を営む事業者で，特定の二事業のその課税期間の課税売上高の合計額が全体の75％以上を占める事業者については，その二事業のうちみなし仕入率の高い事業に係る消費税額については，その事業に適用されるみなし仕入率を適用し，それ以外の事業に係る消費税額については，その二事業のうち低い方のみなし仕入率を適用することができます（消令57③二）。

簡易課税制度におけるみなし仕入率の適用に当たっては，事業者が営んでいる事業の種類を簡易課税制度における事業区分に基づき，正しく判定して区分することが求められます。しかし，現実的には様々な事業形態や取引形態などがあることから，以下，本項では各事業区分における判断ポイントについて解説します。

⑴　事業区分の判断ポイント

イ　日本標準産業分類による分類

事例39　歯科技工所の事業が，第五種事業（サービス業）であると判断された事例

〔名古屋地裁平成17年6月29日判決，名古屋高裁平成18年2月9日判決，最高裁平成18年6月20日上告等棄却〕

> **名古屋高裁判決要旨**
>
> 　消費税法の簡易課税制度が，納税事務の簡素化を目的としつつ，税負担の公平性の実現のために改正が重ねられてきた経緯，各消費税基本通達が，消費税法施行令における事業の範囲判定の基準として，いずれも日本標準産業分類を掲げているところ，同分類は，本来，統計上の分類の必要から定められたものではあるが，日本における標準産業を体系的に分類しており，他にこれに代わり得る普遍的で合理的な産業分類基準は見当たらないことなどから，簡易課税制度における事業の範囲の判定に当たり，同分類によることの合理性は否定できないこと，本件事業が歯科医師の指示書に従って，歯科補てつ物を作成し，歯科医師に納品することを業務内容としており，歯科医療行為の一端を担う事業である性質を有すること，また，1企業当たり平均の課税仕入れ（最大見込額）及び構成比に照らしても，みなし仕入率を100分の50とすることには合理性があること及び税負担の公平性，相当性等をも考慮すると，本件事業は，消費税法施行令57条5項4号ハ所定の「第五種事業」中の「サービス業」に該当するものと判断するのが相当である。

解　説

　この事例は，歯科医師の指示書に従って，自ら仕入れた原材料により，患者の歯の石こう型に適合する歯科医療用の補てつ物等（歯科補て

つ物等）を製作し，歯科医師に納品（歯科医師との間で歯科補てつ物等の製作納入に関する契約を締結）していた歯科技工所を営む法人（控訴人）における，この歯科技工の業（歯科技工業）が，簡易課税制度において第三種事業（製造業）に該当するのか又は第五種事業（サービス業）に該当するのか，具体的には，自ら仕入れた原材料により製作した歯科補てつ物等を納入するという，まさに原料を加工し製品を作り出すという製造そのものですから「製造業」（第三種事業）に該当するのか，日本標準産業分類において歯科技工所がサービス業である医療業に分類されており，医療行為に付随するサービス提供事業ですから「サービス業」（第五種事業）に該当するかどうかが争われた事件です。

名古屋高裁は，製造業とサービス業の区分が明確かつ一義的なものでないため，立法の趣旨目的及び経緯，税負担の公平性，相当性等を総合考慮し，日本標準産業分類以外には合理的な産業分類の基準がなく同分類によることの合理性を否定できないこと，当該事業が歯科医療行為の一端を担う事業である性質を有すること，1企業当たり平均の課税仕入れ及び構成比に照らしてもみなし仕入率の50％は合理性があるとの判断要素から，医療業としてのサービス業（第五種事業）に該当すると判断しました。

この事例では，消費税法基本通達13-2-4《第三種事業及び第五種事業の範囲》が，製造業等（第三種事業）とサービス業等（第五種事業）との判定区分を「おおむね日本標準産業分類（総務省）の大分類に掲げる分類を基礎として判定する。」と定め，歯科技工所が日本標準産業分類では，サービス業となる医療・福祉に分類されるものの，実態上は，他の者からの依頼に基づき，自ら仕入れた原材料により製作した製作物を依頼者に納品するという，一般的概念からは製造業とも解されるものであることから，日本標準産業分類の分類に基づく判定の合理性と歯科技工所の実質的な事業内容からの判定の相当性等が問題となったものであ

り，国税部内でも一般概念からの判断により製造業であるとの意見も多く，議論となった事例でもありました。

　ここで，消費税法のみなし仕入率について，消費税法37条《中小事業者の仕入れに係る消費税額の控除の特例》1項は，「卸売業その他の政令で定める事業を営む事業者にあっては」，「政令で定めるところにより，当該事業者の種類ごとに当該事業における課税資産の譲渡等に係る消費税額のうちに課税仕入れ等の税額の通常占める割合を勘案して政令で定める率を乗じて算出した額」を「当該課税期間における仕入税額とみなす」と規定しています。また，同法の委任を受けた消費税法施行令57条《中小事業者の仕入れに係る消費税額の控除の特例》5項では，同項の定める用語の意義として，第一種事業から第六種事業について，上記≪みなし仕入率表≫（173頁）のとおり，その事業区分の属する事業が列挙されています。しかしながら，それらの定義については，同条6項で第一種事業である卸売業（他の者から購入した商品をその性質及び形状を変更しないで他の事業者に対して販売する事業）と第二種事業である小売業（他の者から購入した商品をその性質及び形状を変更しないで他の事業者に対して販売する事業で卸売業以外のもの）について規定が置かれているものの，第三種事業から第五種事業に属する各事業自体の内容を明らかにした定義規定は存在しません。すなわち，第三種事業について，「卸売業及び小売業に該当するもの並びに加工賃その他これに類する料金を対価とする役務の提供を行う事業を除く。」と，また，第五種事業において，その一つである製造業について，「製造した棚卸資産を小売する事業を含む。」，サービス業について，「飲食店業に該当するものを除く。」とのかっこ書が付記されているだけです。要は，卸売業（第一種事業）と小売業（第二種事業）には定義規定があるものの，その他の業種については，その一部を除外する等の付記がされているだけで，各業種の意味内容が法令によって明らかにされていません。特に，第三種事業や第

五種事業，この事例でも問題となった「製造業」や「サービス業」，そして「建設業」についての法令上の意味は明確ではありません。

　そこで，消費税法基本通達13−2−4（第三種事業及び第五種事業の範囲）において，第三種事業及び第五種事業に該当するとされている各業種の範囲について，法令上除かれるもの等を除き，おおむね日本標準産業分類（総務省）の大分類に掲げる分類を基礎として判定することを明らかにしています。

　しかしながら，当通達においても「おおむね日本標準産業分類の大分類に掲げる分類を基礎として判定する」という「おおむね」の基準の取扱いに止まっています。法令上は，「製造業」とのみ規定し，用語の定義規定がないため，通常の用語例に従って解釈すると，「製造業」が「原料品を加工して新しい品物をつくる生産業」（『広辞苑』）であることからすれば，歯科技工所が第三種事業である製造業に該当するようにも思えます。

　この点について，この事件の第1審である名古屋地裁平成17年6月29日判決は，「製造業及びサービス業の語義を厳格に解釈すべき消費税法の適用を念頭に置く局面においては，日本標準産業分類が，歯科技工所をサービス業ないしサービス業としての性格を有する医療業と分類することは合理性を有するとはいえず，歯科技工所との関係では，日本標準産業分類に従って第三種事業と第五種事業を区分する本件通達の合理性を認めることはできない。」と判示した上で，「日本語の通常の用語例によれば，消費税法施行令57条5項3号ヘにいう製造業は，『有機又は無機の物質に物理的，化学的変化を加えて新製品を製造し，これを卸売又は小売する事業』と，他方，同項4号ハにいうサービス業とは，『無形の役務を提供する事業（不動産業，運輸通信業及び飲食店業に該当するものを除く。）』と解するのが相当である（最高裁昭和57年6月24日第一小法廷判決参照）。これによれば，製造業とサービス業とは，まず，その給付

の対象が有形物（物質的）か無形の役務（非物質的）かによって区別されると考えられる。」と判示して，歯科技工所の事業区分が「製造業」（第三種事業）に該当すると解するのが相当であると判断しました（上記のとおり，控訴審においてこの判断は覆されています。）。

　また，控訴人も主張しましたが，義肢製作業，つまり医師の指示に従って義手や義足を製作して納品する事業が，日本標準産業分類では「製造業」に分類されている一方，歯科技工所が同様に医師の指示に従って歯科補てつ物等を製作して納品する事業であるにもかかわらず「サービス業」（医療・福祉）に分類されていることとの異同が問題となりました。

　このように，第三種事業の製造業や建設業に属する業種については，日本標準産業分類（大分類）の分類を参考とするものの，その実態に応じた判断を行うのかどうかが法令上明確ではありませんでしたが，この名古屋高裁判決（確定）において，第三種事業（製造業等）と第五種事業（サービス業等）については，法令による定めではないものの，日本標準産業分類（大分類）により分類することが一応合理的であると判断したのであり，歯科技工所と義肢製作所の分類が異なることについても，医療行為に付随する行為かどうかによる合理的な日本標準産業分類の分類である旨判断したのです。

　消費税の簡易課税制度が，中小事業者の事務負担に配意した納税事務の簡素化を目的としつつ，税負担の公平性の実現のために，事業者の仕入れの実態により適合させる趣旨で，法令（消法37①）で規定する「事業者の種類ごと」に「通常占める割合を勘案して政令で定める率」として，事業者の事業を区分し，そのみなし仕入率を政令（消令57）で定めているのですが，事業者の事業実態にも様々であり，仕入率も一様でないことから，あくまでも，一定の事業の範囲における通常としての仕入率を定めたもので，厳格に各事業の実態に沿った仕入率ではないことか

ら，納税者において事務負担を考慮した選択に委ねているものです。

　ここで，事業区分及び各事業区分のみなし仕入率については，この裁判でも述べられていますが，平成元年の消費税導入時に2区分の事業区分（卸売業とそれ以外）で始まったみなし仕入率は，その後，最新の仕入率の実態調査結果に基づく改正が幾度となく行われ，できるだけ事業者の事業実態に沿ったみなし仕入率となるよう改正が重ねられてきた経緯があります（具体的には平成3年10月から4区分に，平成9年4月から5区分及び第三種事業（製造業等）のうち加工賃等を対価とするものを第四種事業に，平成27年4月から6区分に，そして平成元年10月から軽減税率の導入に併せ，農業，林業，漁業のうち飲食料品の譲渡については第二種事業とする改正等がなされてきました。）。

　筆者が消費税導入後に法人課税課で消費税の運営事務を担当していた時も，毎年ないしは隔年で財務省からの指示に基づき，仕入率等に関する実態調査のため，税務署を通じて多くの中小事業者に調査表の作成，提出を依頼していました。その際，日本標準産業分類の事業の区分ごとに仕入率の実態を調査，検討し，その結果に基づく改正（業種区分の細分化，変更並びに業種分類に属さない加工賃等を対価とするものの別掲など）が幾度となく行われ，消費税法に規定する「通常占める割合を勘案して政令で定める率」として，政令によって随時各事業区分のみなし仕入率が定められてきました（裁判所においても判断の考慮材料としました。）。また，法令に基づき統計調査の結果を産業別に表示する場合の統計基準である日本標準産業分類も，産業構造の変化を踏まえ的確な見直しが行われています。

　要は，消費税におけるみなし仕入率が日本標準産業分類の事業分類に基づいて定められている実態からみても，法令ではないものの日本標準産業分類（大分類）の分類に基づく事業区分の判定が原則としての適用となります。消費税におけるみなし仕入率は，「製造」などの意味や仕

入率の実態を厳格に反映するものではなく，個別性による差異を捨象した一定の産業分類の区分ごとに通常の仕入割合（事業も様々であり，経済変化もあり得るため，厳格に事業実態に沿ったものではない。）として示されたものであり，中小事業者の事務負担の軽減のための選択に委ねられたものといえます。

　以上のとおり，簡易課税制度における事業区分の判断ポイントとしては，まず，自己の各事業が日本標準産業分類（大分類）においてどの分類事業に該当するのかを判断した上で，小売業（第一種事業）や卸売業（第二種事業）については，消費税法施行令で定める「他の者から購入した商品をその性質及び形状を変更しないで他」の者に対して販売する事業であるかどうかを判断し，日本標準産業分類（大分類）の分類において第三種事業となる製造業に該当する場合においては，消費税法施行令の定めにより第一種事業（小売業）及び第二種事業（卸売業）となる部分の事業は第一種事業（小売業）や第二種事業（卸売業）に，また，加工賃その他これに類する料金を対価とする役務の提供を行う部分の事業については，第三種事業の製造業から除かれ，第四種事業（その他の事業）として判断することとなります。

　このように，まずは事業ごとに日本標準産業分類に照らし，その事業がどの事業の分類に該当するかどうかを判断しなければならず，その上で，第一種事業（小売業）と第二種事業（卸売業）への決定において，「他の者から購入した商品をその性質及び形状を変更しないで他の者に対して販売」する事業であるかどうかの判断，更に第三種事業の製造業については，「加工賃その他これに類する料金を対価とする役務の提供」であるかどうかの判断が必要となります。この点の判断ポイントについては，次以降の事例で解説します。

ロ 卸売業と製造業

事例40 建売住宅の販売事業が，第三種事業（建設業）であると判断された事例

〔さいたま地裁平成15年3月5日判決，東京高裁平成15年9月16日判決，最高裁平成16年6月8日上告等棄却〕

さいたま地裁判決要旨

1 製造業については，「製造した」棚卸資産を小売する事業を含めて第三種事業とされていることからすると，建売住宅の販売業についてみれば，他の者から購入した建物をその性質及び形状を変更しないで一般消費者に販売する事業形態をとっているような場合は第二種事業に当たるが，自ら建築施工した建物を販売する事業形態をとっているような場合には基本的に第三種事業に分類されると解するのが相当である。

2 本件についてこれをみるに，原告は，自らが建築主として建築基準法における建築確認を受け，建設業者との間で，原告自らが施主となって請負契約を締結し，建設業者に施工させた建物を一般消費者に販売する事業形態をとっていたものと認められる（原告自らが施主となって請負契約を締結して建物を建築した以上，現実の施工が他の業者であっても，社会通念上，なお原告自らが建築施工したものと認められる。）。

解 説

　この事例は，いわゆる建売住宅の販売業者（原告）が，自ら建築主となって，他の建築業者に施工させた建物を一般消費者に販売する事業が，第二種事業である「小売業」に該当するか，第三種事業の「建設業」に該当するか，つまり自らは分譲すべき土地の造成及び建物の建設をせず，他の建築業者に依頼して建設させた建物を一般消費者に販売する事業が，第二種事業（小売業）に該当する「他の者から購入した商品

をその性質及び形状を変更しないで販売する事業」（卸売業以外）に該
当するかどうかが争われた事件です。

　さいたま地裁は，自ら建築施工した建物を販売する事業形態をとって
いるような場合には，基本的に第三種事業（建設業）に分類されると解
するのが相当であり，自らが施主となって請負契約を締結して建物を建
築した以上，現実の施工が他の建築業者であっても，自らが建築施工し
たものと認められ，第三種事業の「建設業」に該当すると判断しました。

　簡易課税制度のみなし仕入率における第一種事業（卸売業）と第二種
事業（小売業）については，消費税法施行令57条《中小事業者の仕入れに
係る消費税額の控除の特例》６項において，各事業とも「他の者から購入
した商品をその性質及び形状を変更しないで」販売する事業（他の事業
者に対するものを卸売業，卸売業以外を小売業）と定義していることか
ら，前記 **事例39** の第三種事業及び第五種事業のように日本標準産業
分類の分類によらず，「他の者から購入した商品をその性質及び形状を
変更しないで販売する事業」かどうかによって判断することとなりま
す。この事例のほかにも消費税導入当初から，当該「他の者から購入し
た商品をその性質及び形状を変更しない」とはどのような，また，どの
程度の事業形態等が該当するのか（導入直後は，第一種事業の卸売業と
それ以外の第二種事業の２区分でした。）が問題となるケースがありま
した。

　この事例では，「他の者から購入した商品」の判断が問題となったも
のであり，また，原告が主張するように，他の建築業者が建設，完成し
た建物を譲り受けて，その性質，形状を変更しないで消費者に販売する
もので，実際の仕入原価率も他の建設業者が建築した建物の仕入と同程
度の80％程度であり，日本標準産業分類の大分類では，「自ら労働者を
雇用して建物を建設し，それを分譲」する事業，つまり自ら建築施工し
ない建物建売業は不動産業に分類されていることから，「他の者から購

入した商品」と同様の事業実態にも思えます。この点についてさいたま
地裁は，販売する建物を施主となって請負契約を締結し建設業者に建築
施工させて取得するのであって，他の者から購入して取得するものでは
なく，このことは，建売住宅販売業者が分譲する建物の取得方法として
は，建売住宅販売業者が雇用契約により自ら労働者を雇用して建物を建
築施工して取得する場合と，建売住宅販売業者自らが施主となって請負
契約を締結し建設業者に建築施工させて取得する場合とでは，「他の者
から購入した建物」ではないという点において同一であり，日本標準産
業分類の建設業には2形態の事業が含まれると解される旨判示しまし
た。

　以上のとおり，建売住宅の販売事業における事業区分の判断ポイント
としては，他の事業者が建築施工（自らが施主となって請負契約により
建築業者に施工させる場合は除く。）したものを購入してそのまま販売
するケースは販売先が他の事業者であるか又は一般消費者であるかの区
分に応じ第一種事業の「卸売業」又は第二種事業の「小売業」に該当す
るのであり，自ら建築施工（自らが施主となって請負契約により建築業
者に施工させる場合を含む。）したものを販売するケースは第三種事業
の「建設業」に該当することとなります（消基通13-2-4《第三種事業及び
第五種事業の範囲》の注書）。

　なお，第一種事業の「卸売業」及び第二種事業の「小売業」における
「その性質及び形状を変更しない」こととは，他の者から購入した商品
をそのまま販売することをいいますが，購入した商品にちょっとでも手
を加えれば，直ぐに「性質及び形状を変更したもの」に該当するという
ことでは余りにも実情に合いません。そこで，例えば，①購入した商品
に，商標，ネーム等を貼付け又は表示する行為，②運送の利便のために
分解されている部品等を単に組み立てて販売する場合（例えば，組立て
式の家具を組み立てて販売する場合のように仕入商品を組み立てる行

為），③2以上の仕入商品を箱詰めする等の方法により組み合わせて販売する場合の当該組合せ行為は，「性質及び形状を変更したもの」に該当しないこととする取扱いが示されています（消基通13-2-2《性質及び形状を変更しないことの意義》）。

　また，食料品の小売店舗が，商品を加工して販売する場合でも，①それが軽微な加工であること，②加工がその小売店舗で一般に行われていること，③加工品がその小売店舗では販売されていることのいずれの条件にも該当する場合には，「性質及び形状の変更のない」ものとして小売業（第二種事業）とする取扱いが示されています（消基通13-2-3《食料品小売店舗において行う販売商品の加工等の取扱い》）。

　なお，この場合の軽微な加工とは，切る，刻む，つぶす，挽く，たれに漬け込む，混ぜ合わせる，こねる，乾かす行為等が含まれますが，原則として加熱する行為は含まれない（コロッケ，焼鳥，天ぷら，焼魚など）と解されているおり，細かな判断が必要となるので注意が必要です。

ハ　製造業とサービス業

事例41　自動車板金塗装等の事業区分が，第五種事業（サービス業）であると判断された事例　〔熊本地裁平成14年7月19日判決（確定）〕

判決要旨

1　産業分類は，日本の産業に関する統計の正確性を客観的に保持し，統計の相互比較性と利用の向上を図るために，統計調査の産業表章の基準の一つとして設定されたものであって，簡易課税制度上の事業の分類を目的としたものではないものの，簡易課税制度の公平性を重視する観点から，産業分類を基礎とすることは，他に普遍性を有する合理的な基準は見当たらない以上，合理的なことと認められる。

2 本件業務は，顧客からの注文により，顧客から持ち込まれた車両につき，その同一性を失わせることなく，修理，板金，塗装及び改造等を行い，顧客に引き渡すものであり，これは「いたんだりこわれたりした物をつくろい直すこと」，又は，「車両の性能を変化・向上させるため，車両の一部分を造り直す又は交換等すること」を約した請負契約に基づくものであると認められる。そうすると，本件業務は，持ち込まれた車両につき「つくろい直す，造り直す及び交換等をする」という技能・技術を提供し，その対価として報酬を得る事業であり，その本質は，「つくろい直す，造り直す及び交換等をする」というサービスを提供し，顧客から持ち込まれた車両の価値を高めることにあると認めるのが相当である。したがって，本件業務は，新製品の製造加工を行うものではなく，個人又は事業所に対して修理，板金，塗装及び改造等のサービスを提供するものであるから，産業分類上，サービス業（大分類L）に当たり，製造業（大分類F）には当たらないというべきである。

3 そして，本件において，本件業務の事業区分につき産業分類を基礎とすることが不合理であるとするべき特段の事情がない以上，本件業務は，平成9年12月期においては改正前消費税法施行令57条5項4号の第四種事業に，平成10年12月期及び平成11年12月期においては消費税法施行令57条5項4号の第五種事業に該当すると認められる。

解 説

この事例は，自動車の板金塗装業として，客から持ち込まれた車両に新たな部品，原材料を使用して，板金，組立て，溶接鋳造，ボルトの組付け及び塗装等を行う事業が，第三種事業である「製造業」に該当するか，第五種事業の「サービス業」（裁判においては，一部平成8年改正前の第四種事業の「サービス業」）に該当するかどうか，つまり新たに製品を製造（自動車の一部分である部品の製造）する事業であるところの日本標準産業分類の大分類における「製造業」に該当するのか，自動車整備業又は機械等修理業としての「サービス業」に該当するのかが争われた事件です。

　熊本地裁は，自動車の修理の本質は，新製品としての部品の製造ではなく，「つくろい直す」というサービスの提供にあり，修理のために補修品を作ってもサービス業とされることからしても，製造業に分類される自動車・同附属品製造業ではなく，サービス業に分類される自動車整備業（第四種事業）であると判断しました。

　簡易課税制度の事業区分において，その事業が第三種事業の「製造業」に該当するか，第五種事業の「サービス業」に該当するかを判断する法令上の定義規定はありませんが，前記 事例39 で述べたように，日本標準産業分類（大分類）の分類を基礎として判断することが定められています（消基通13-2-4）。また，日本標準産業分類の分類によって第三種事業となる製造業に分類される場合であっても，加工賃その他これに類する料金を対価とする役務の提供を行う部分の事業については，第三種事業から除かれて第四種事業（その他の事業）に該当する旨消費税法で定めています（消令57⑤三かっこ書）。

　ここで，日本標準産業分類（大分類）において，「製造業」は「有機又は無機の物質に物理的，化学的変化を加えて新たな製品を製造」する事業所と説明されており，また，「サービス業」の説明において，「製造業との関係」について，「新たな製品を製造加工し，かつ，同種製品の修理を行う事業所」は「製造業」に分類されるものの，「修理を専業としている事業所」（修理業）及び「修理のために補修品を製造している場合」は「サービス業」に分類するとされています。このことからすると，一般的に新たな製品を製造する事業は「製造業」に分類され，その製造の事業に付随して行われる修理等の事業も製造業に含まれますが，修理等を専業として行う自動車修理業，自動車整備業は，「サービス業」に分類されます。そして，賃加工の事業については，日本標準産業分類の分類における製造業及びサービス業いずれの説明においても，「他の業者の所有に属する原材料に加工処理を加えて加工賃を受け取る賃加工

業」（賃加工業）は「製造業」に分類されると定めていることから，製造業に分類されることとなるのですが，消費税法施行令57条《中小事業者の仕入れに係る消費税額の控除の特例》では，「加工賃その他これに類する料金を対価とする役務の提供を行う部分の事業」は第四種事業（その他の事業）と定めています。そのため賃加工の事業については，日本標準産業分類の分類では「製造業」となるものの，簡易課税制度における業種区分では，第三種事業となる製造業から除かれ，第四種事業（その他の事業）としているのです。

　このことは，前記 事例39 でも述べたように，財務省は日本標準産業分類（大分類）の分類の区分に基づいた仕入率の実態調査に基づき，事業実態に沿った仕入率を反映するよう政令により幾度もみなし仕入率の改正を行ってきました。その実態の仕入率を考慮した結果，日本標準産業分類の分類では製造業に分類される賃加工業については，製造業のみなし仕入率（70%）よりも低いみなし仕入率（60%）としたものと考えられます。また，この点が，消費税法基本通達13-2-4《第三種事業及び第五種事業の範囲》において「おおむね日本標準産業分類（総務省）の大分類に掲げる分類を基礎として」とし，「おおむね」と定める理由とも解されます。

　以上のとおり，その事業が第三種事業の「製造業」に該当するのか，第五種事業の「サービス業」に該当するのか，更には，第三種事業の「製造業」から除かれる第四種事業（その他の事業）の賃加工業に該当するのかの判断ポイントは，あくまでも日本標準産業分類の分類によって「製造業」に分類される事業か，「サービス業」に分類される事業かを判断し，そして日本標準産業分類の分類によると「製造業」に分類される賃加工業については，消費税法上の簡易課税制度の事業区分においては，第四種事業（その他の事業）として判断することとなります。

　なお，日本標準産業分類（大分類）による「サービス業」に分類され

る「修理業」や「整備業」など，他の者のものに加工等を施す事業は，賃加工業，つまり「加工賃その他これに類する料金を対価とする役務の提供を行う事業」ともいえるものですが，日本標準産業分類の分類においては，主として個人又は事業所に対して物品の整備・修理に係る技能・技術を提供する「サービス業」として分類されています。この第五種事業の「サービス業」となる事業としては，廃棄物処理業，自動車整備業，機械等修理業，写真現像・焼付業，衣服縫製修理業，精米賃加工業やその他の事業サービス業が掲げられ，製造等に関連する事業としては，クリーニング業，ソフトウエア業や商品検査，器具等点検，洋服・靴等の修理（裾等直し等），畳の張替えなどの事業が分類されると解されます。これら日本標準産業分類の分類において「サービス業」に分類される事業については，「加工賃その他これに類する料金を対価とする役務の提供を行う事業」として，第四種事業（その他の事業）に該当することはない，つまり，第五種事業となるサービス業が第四種事業に該当することはないことに注意が必要です。

二　加工賃を対価とする役務の提供

事例42　主要材料の支給を受けて行う建設工事の事業区分が，第四種事業（加工賃その他これに類する料金を対価とする役務の提供を行う事業）であると判断された事例〔大阪地裁平成12年3月29日判決（確定）〕

判決要旨

1　「加工賃その他これに類する料金を対価とする役務の提供を行う事業」に該当する事業とは，主要原材料等を他の者から提供を受けているため課税資産の譲渡等に係る消費税額のうちに課税仕入れ等の税額の通常占める割合が第三種事業に比べて一般的に低いと認められるものであって，これを建設業において当てはめると，他の事業者から主

　　要原材料等の提供を受け，当該他の事業者の建設工事の一部を行う人
　　的役務の提供を行う事業であって，自らが課税仕入れによって得て使
　　用する材料，工具，建設機械等の補助的な建築資材の調達費用の割合
　　が一般的に建設業一般より低い事業がこれに当たるというべきであ
　　る。
　2　これを原告の事業についてみるに，原告の行う事業のうち 9 割以上
　　を占める山留支保工及びそれに付随する構台の架設・解体工事は，元
　　請業者等が行う建設工事の一部をなすものであって，H 鋼等を主要材
　　料として，これをクレーンで移動しつつ，アセチレンガス，酸素ガ
　　ス，溶接棒等を用いて組み立て，必要に応じてクレーンやトラックの
　　構台等を架設・解体する事業であるが，原告は，その主要材料である
　　H 鋼等を元請業者から支給されており，自らが課税仕入れによって得
　　て使用する材料，工具の額は，低いものであり，しかも，原告が取得
　　する工事代金額が主として主要材料の重量によって決定されることを
　　も併せ考慮すると，その中心は，人的役務を提供するところにあると
　　認められる。

解　説

　この事例は，建設業の許可を受けて，とび・土木工事業を営む事業者
（原告）が主に行う山留支保工（建築物を建てるために地下を掘削して
基礎工事をする際に，土砂がなだれ込まないように周囲に杭等を打ち込
んだものが，掘削の進行にしたがって周りの土砂からの圧力により倒壊
することを防ぐために，H 鋼を縦横に張り巡らして杭等を支える工事で
あり，必要がなくなった場合には H 鋼を解体し，大規模な工事において
は，必要に応じてクレーン等を乗せる構台等を架設・解体する工事が含
まれ，設置工事には大型クレーンが使用される場合もあります。）の事
業が，日本標準産業分類（大分類）の分類においては「建設業」に該当
することとなるものの，「加工賃その他これに類する料金を対価とする
役務の提供を行う事業」に該当することから，建設業が該当する第三種
事業から除かれて第四種事業（その他の事業）に該当することとなるか

どうかが争われた事件です。

　大阪地裁は，原告の行う山留支保工の事業は，主要材料であるH鋼等を元請業者から支給されており，自ら課税仕入れした材料，工具の額は低いこと等から，その中心は，人的役務を提供するところにあると認められる（高額な大型クレーンを使用するとしても，その減価償却期間を考慮すると少額である。）ことから，「加工賃その他これに類する料金を対価とする役務の提供を行う事業」に該当し，第四種事業（その他の事業）と判断しました。

　この事例では，日本標準産業分類（大分類）の分類において「建設業」に含まれる事業であっても，簡易課税制度のみなし仕入率の適用において第四種事業（その他の事業）に該当することとなる「加工賃その他これに類する料金を対価とする役務の提供を行う事業」としてどのような事業規模等が該当するのかが問題となりました。この場合の「加工賃その他これに類する料金を対価とする役務の提供」について法令上の明確な定義規定はなく，消費税法基本通達13－2－7《加工賃その他これに類する料金を対価とする役務の提供の意義》は，「対価たる料金の名称のいかんを問わず，他の者の原料若しくは材料又は製品等に加工等を施して，当該加工等の対価を受領する役務の提供又はこれに類する役務の提供をいう。」と，原材料支給を受けて加工等を行い，その加工等の対価である旨定めていますが，建設業等における原材料支給や機械・工具等の使用状況など様々な場合があります。この事例は，どの程度までの範囲が当該加工賃等を対価とする役務の提供に該当するのかどうかの判断ポイントについて参考となる裁判例です。

　上記判決要旨1のとおり，大阪地裁は「『加工賃その他これに類する料金を対価とする役務の提供を行う事業』に該当する事業とは，主要原材料等を他の者から提供を受けているため課税資産の譲渡等に係る消費税額のうちに課税仕入れ等の税額の通常占める割合が第三種事業に比べ

て一般的に低いと認められるものであって，これを建設業において当て
はめると，他の事業者から主要原材料等の提供を受け，当該他の事業者
の建設工事の一部を行う人的役務の提供を行う事業であって，自らが課
税仕入れによって得て使用する材料，工具，建設機械等の補助的な建築
資材の調達費用の割合が一般的に建設業一般より低い事業がこれに当た
る」と判示しており，その判断ポイントを要約すれば，その事業の規
模，内容，困難度等を踏まえ，①主要原材料等の提供を受けて行う又は
行ったものか，②自ら調達して使用する材料，工具，建設機械等が補助
的なものかにより，人的役務の提供を行うものと判断できるかどうかで
あるといえます。

　この点，日本標準産業分類（大分類）において建設業に分類される事
業で，加工賃等を対価とする役務の提供として第四種事業に該当する事
業は，しゅんせつ工事業，解体工事業，とび工事業，足場工事業などが
一般的に該当します。

　なお，型枠工事業は，日本標準産業分類（大分類）において建設業
（大工工事業）に該当するものであり，自ら調達したコンパネ，単管等
を使用して型枠を製造し，それを工事業者等に使用させるものですか
ら，加工賃等を対価とする役務の提供には該当せず，通常は第三種事業
（製造業等）に該当することとなります。

　ただし，以上のとおり，原材料の支給を受けて行う加工処理は，第四
種事業に該当することとなるのですが，いわゆる自動車架装業の事業，
つまり，自動車のディーラーからボディシャーシー（トラックでは，一
般にシャーシー部分と架装部分に分かれ，シャーシー部分はキャビン・
エンジン・トランスミッションなどが組み込まれる部分で，トラック本
体ともいえる重要な部分であり，架装部分は荷台に搭載する機能や荷
台・荷室を指します。）の搬入を受け（無償支給），これに自ら調達した
材料部品を用いて保冷庫，トラック用コンテナを製造するとともに，自

ら調達した材料部品と共に当該ボディシャーシーに取り付けて保冷車，運送用コンテナトラックとして納入する事業が，主要材料であるボディシャーシーの支給を受けて行う保冷車等に加工するもので，加工賃等を対価とする役務の提供であるようにも考えられます。しかし，自動車架装業者が行う事業は，自ら材料を調達して，車両荷台部分の製造を行うこと自体が「自動車車体・付随車製造業」に該当するものであり，搬入されたボディシャーシー（仮ナンバーで移動を行う未完成車）に当該荷台部分を取り付けるとしても，ボディシャーシー自体に加工等を行うものではないことから，「加工賃その他これに類する料金を対価とする役務の提供を行う事業」には該当しないと解されています。つまり自ら調達した材料のみを用いて行う製作行為自体が別個の製造業に該当する場合は，第四種事業（その他の事業）に該当せず，第三種事業（製造業）に該当することとなります。

ホ　労働者派遣業と業務請負業

事例43　業務請負契約による労働者派遣の事業区分が，第五種事業（サービス業）であると判断された事例

〔大阪地裁平成16年3月3日判決（確定）〕

判決要旨

　本件事業においては，取引先における原告従業員の業務遂行や労働時間等に関する指示，管理は，原告ではなく，取引先が行っていること，業務遂行に要する機械，備品も取引先が提供していること，原告従業員は，補助的ないし簡易な作業に従事するにすぎないことがそれぞれ認められるから，本件事業は，派遣するために雇用した労働者を，派遣先事業所からその業務の遂行等に関する指揮命令を受けてその事業所のための労働に従事させることを業とするものと認められる。したがって，本件事業は，日本標準産業分類においてサービス業に分類される労働者派

遣事業に該当すると解するのが相当である。

[解　説]

　この事例は，製造業を営む事業者（原告）が，製造業を営む関連会社
との請負契約により，原告の従業員を当該関連会社の工場等において加
工又は組立て等に従事させて，その対価を受ける事業が，簡易課税制度
におけるみなし仕入率の事業区分について，第四種事業に該当するか第
五種事業に該当するか，つまり，第三種事業の「製造業」のうち「加工
賃その他これに類する料金を対価とする役務の提供を行う事業」に当た
り第四種事業に該当するのか，日本標準産業分類における「サービス業」
の「労働者派遣業」に該当して第五種事業となるのか争われた事件です。

　大阪地裁は，日本標準産業分類（大分類）における「労働者派遣業」
の定義（主として派遣するために雇用した労働者を，派遣先事業所から
その業務の遂行等に関する指揮命令を受けてその事業所のための労働に
従事させることを業とする事業所をいう。）及び労働者派遣事業をサー
ビス業に分類していること，また，労働者派遣法における「労働者派遣」
の定義（自己の雇用する労働者を，当該雇用関係の下に，かつ，他人の
指揮命令を受けて，当該他人のために労働に従事させることをいい，当
該他人に対し当該労働者を当該他人に雇用させることを約してするもの
を含まない。）並びに「労働者派遣事業と請負により行われる事業との
区分に関する基準」（昭和61年4月17日労働省告示第37号）による両事業の区
分に関する基準の規定内容から，この事件における事業の契約内容及び
業務内容等の認定において，判決要旨のとおり，従業員の業務遂行や労
働時間等に関する指示，管理は取引先が行っていること，業務遂行に要
する機械，備品も取引先が提供していること，従業員は補助的ないし簡
易な作業に従事するにすぎないことが認められ，当該事業は，派遣する
ために雇用した労働者を，派遣先事業所からその業務の遂行等に関する

指揮命令を受けてその事業所のための労働に従事させることを業とするものと認められ，日本標準産業分類において「サービス業」に分類される「労働者派遣事業」に該当し，第五種事業であると判断しました。

　この事例のように，製造業において関連会社や発注業者の従業員の派遣を受けて製造又は事務等に従事させる場合があり，また，発注者の工場内において下請に係る製造等を行う場合もあり，そして，実質的には労働者派遣であっても労働者派遣事業許可の関係から，請負契約により製造請負の形式で取引を行う場合もあります（この事例においても，請負契約により派遣従業員の管理を派遣元である原告が行う旨記載されていました。）。これらのことから，日本標準産業分類及び労働者派遣法等に定める定義等に基づき，派遣先事業者からの業務等の遂行に関する指揮・命令を受けるかどうかなどの判定によって，日本標準産業分類における労働者派遣事業に該当するかどうかを判断する必要があります。

　ここで，製造業等に該当することとなる事業は一般的に仕入率が高いため，第三種事業として，みなし仕入率を70％とするものの，「加工賃その他これに類する料金を対価とする役務の提供を行う事業」は，日本産業標準分類において製造業等に分類されているものの中でも，課税仕入れ等に含まれない費用（給与等）の割合が類型的に高いと認められるため，これを第三種事業から除外して第四種事業としてみなし仕入率を60％にすると解されます。このことに照らせば，そもそも日本標準産業分類において第五種事業のサービス業等に該当することとなる事業については，課税仕入れ等に含まれない費用（給与等）の割合がより類型的に高いと認められることで，更に低いみなし仕入率の50％としているのですから，第五種事業に該当するとされる事業については，加工賃その他これに類する料金を対価とする役務の提供を行う事業であっても，それよりも高いみなし仕入率（60％）の第四種事業になることはないということです（消基通13-2-7《加工賃その他これに類する料金を対価とする役務

の提供の意義》の注書参照）。

第9

申告・納付・還付及び
届出等

1　納税義務の成立

　消費税法は，国内において課税資産の譲渡等若しくは特定課税仕入れを行う事業者及び外国貨物を保税地域から引き取る者に消費税を納める義務があることを規定しており（消法5《納税義務者》），その納税義務は，課税資産の譲渡等若しくは特定課税仕入れを行った時又は課税貨物を保税地域から引き取った時に成立します（通則法15②七）。

　この法律上成立した納税義務は，抽象的な納税義務であり，具体的な納税義務として認識されるには，自発的な申告又は税務官庁の行為が必要です。

　消費税法は，抽象的に成立した納税義務を具体的な消費税の額として確定し，かつ，納付する手続きとして，原則として「申告納税方式」を採用しており，国内取引については，事業者が，課税期間ごとに申告と納付を行い，輸入取引については，課税貨物を引き取る者がその引取りの時までに申告と納付を行うこととされています。

2　課税期間

　消費税の課税期間は，原則として1年と定めるとともに，その特例を設けるほか，中間申告制度を設けています。消費税は，消費に対して負担を求める税であり，納付すべき税額相当額は代金とともに受領しているはずですから，本来できるだけ早く国に納付すべきものですが，課税期間があまり短く設定されると，納税者の事務負担が大きくなることから，原則として1年と定められています。

　個人事業者の課税期間は，1月1日から12月31日までの期間です（消法19①一）。なお，年の中途で新たに事業を開始した場合又は事業を廃止した場合においても，課税期間の開始の日は1月1日，終了の日は12月31日です（消基通3-1-1《個人事業者の開業に係る課税期間の開始の日》，3-1-2《事業を廃止した場合の課税期間》参照）。

　法人の課税期間は，その法人の事業年度です（消法19①二）。なお，法

人の設立後，最初の課税期間の開始の日は設立の日であり，また，組織
変更等の場合は，組織変更等前の事業年度をそのまま継続します（消基
通3-2-1（新たに設立された法人の最初に課税期間開始の日），3-2-2（組織
変更等の場合の課税期間）参照）。

　課税期間の特例として，個人事業者及び事業年度が1か月を超える法
人が，課税期間の特例を受けようとするとき又は既に課税期間の特例を
受けている事業者が他の課税期間の特例に変更しようとするときは，所
轄税務署長にその旨の届出書（消費税課税期間特例選択・変更届出書）
を提出することにより，その課税期間を1か月又は3か月単位にするこ
とができます（消法19①三〜四の二）。なお，課税期間の特例を選択した事
業者が，特例をやめようとするときは，その旨の届出書（消費税課税期
間特例選択不適用届出書）の提出が必要であり，事業を廃止した場合を
除き，選択する旨の届出書の効力が生ずる日から2年を経過する日の属
する期間の初日以後でなければ他の課税期間の特例に変更する届出書及
び特例をやめようとする届出書は提出することはできません（消法19③
⑤，消基通3-3-1（課税期間特例選択当届出書の効力）参照）。

3　申告・納付

イ　確定申告

　課税事業者は，課税期間ごとに課税期間の末日の翌日から2か月以内
に，所轄税務署長に確定申告書を提出するとともに，その申告に係る消
費税額を納付しなければなりません（消法45，49）。したがって，法人の
場合は，課税期間の特例を選択しなければ課税期間と事業年度は同じで
すから，例えば，3月末決算の法人は，5月末日までに申告及び納付を
行うこととなります。ただし，法人税の申告期限の延長の特例の適用を
受ける法人が，消費税申告期限延長届出書を所轄税務署長に提出した場
合には，その提出をした日の属する事業年度以後の各事業年度終了の日
の属する課税期間に係る消費税の確定申告の期限を1か月延長すること

ができます（消法45の2①）。

　個人事業者の場合，申告及び納付事務について特段の配慮を行うため，その年の12月31日の属する課税期間（課税期間の特例を選択しなければ1月1日から12月31日までが課税期間となる。）分の申告及び納付の期限は，翌年3月31日とされています（措法86の4①）。なお，消費税と地方消費税（譲渡割）は，納税義務者及び申告（納付）期限とも同じですから，当分の間，消費税と地方消費税（譲渡割）とを併せて所轄税務署長に申告し，国に納付することとされています。

　なお，特定法人（内国法人のうち事業開始の時において資本金の額又は出資金等が1億円を超える法人並びに相互会社，投資法人，特定目的会社，国及び地方公共団体をいう。）の令和2年4月1日以後に開始する課税期間に係る消費税の確定申告書（次の中間申告書のほか，修正申告書及び還付申告書を含む。）の提出は，これらの申告書に記載すべきものとされる事項について電子情報組織を使用する方法（e-Tax）により提出しなければなりません（消法46の2）。

　（注）1　課税資産の譲渡等（輸出免税など消費税が免除されるものを除く。）及び特定課税仕入れがなく，かつ，納付する消費税額がない課税期間については，確定申告書の提出を要しません（消法45①）。

　　　2　控除する消費税額が課税標準額に対する消費税額を上回り，控除不足額が生じた場合又は中間納付額が確定申告により納付する消費税額を上回る場合には，還付を受けるための申告書を提出することができます（消法45①，46①，52①，53①）。

　　　3　仮決算による中間申告書，確定申告書，還付請求申告書には課税期間中の資産の譲渡等の対価の額及び課税仕入れ等の税額の明細その他の事項を記載した書類を添付しなければなりません（消法43③，45⑤，46③）。

　　　4　課税期間の特例を選択した法人が，消費税の申告期限の特例を受ける場合は，その法人の事業年度の終了の日が含まれる課税期間のみが対象となります（参考：法人に係る消費税の申告期限の特例

は，令和３年３月31日以降に終了する事業年度の末日の属する課税
期間から適用となります。）。

ロ　中間申告

　課税事業者は，直前の課税期間の確定消費税額の年税額（以下「確定
年税額」といいます。）が4,800万円を超える場合，400万円を超え4,800
万円以下である場合又は48万円を超え400万円以下である場合にはそれ
ぞれ中間申告を行い，その申告に係る消費税額を納付することとされて
いる（消法42，43，48）ほか，48万円以下であっても，事業者の選択によ
り中間申告を行う旨の届出書を提出することにより，中間申告を行うこ
とができます（消法42⑧）。中間申告には，直前の課税期間の確定年税額
を基礎とする場合（原則）と，仮決算に基づく場合（特例）の二つがあ
ります。

ハ　輸入取引に係る申告と納付

　申告納税方式が適用される課税貨物（外国貨物のうち消費税が課税さ
れるもの）を保税地域から引き取ろうとする者（事業者に限らず，個人
も含みます。）は，課税貨物を保税地域から引き取る時までに，その保
税地域の所轄税関長に輸入申告書を提出するとともに，引き取る課税貨
物に課される消費税額を納付しなければなりません（消法47①，50①）。
なお，関税額の確定について申告納税方式が適用される者で納期限の延
長申請を行い，担保を提供した場合には，その担保の額の範囲内におい
て，３か月以内に限り納期限の延長が認められます（消法51）。

　なお，保税地域から引き取られる外国貨物については，国内において
事業者が行った資産の譲渡等の場合のように，「事業として対価を得て
行われる」ものには限られていないので，保税地域から引き取られる外
国貨物に係る対価がなく無償であっても，また，保税地域からの外国貨
物の引取りが事業として行われるものではなくても，課税の対象になり
ます（消基通５-６-２《無償による貨物の輸入等》）。

ニ　届出書・承認申請書

(イ)　届出書

　　事業者は，次に掲げる要件等に該当することとなったときは，納税地の所轄税務署長に届出書を提出しなければならないものや，提出した場合に特例等の適用が受けられるものがあります。

届出書名	提出することとなる要件等	根拠条文	提出時期
消費税課税事業者届出書（基準期間用）	基準期間における課税売上高が1,000万円を超えることとなった場合	消法57①一	速やかに
消費税課税事業者届出書（特定期間用）	特定期間における課税売上高が1,000万円を超えることとなった場合	消法57①一	速やかに
消費税の納税義務者でなくなった旨の届出書	基準期間における課税売上高が1,000万円以下となった場合（課税事業者が免税事業者となった場合）	消法57①二	速やかに
事業廃止届出書	課税事業者が事業を廃止した場合	消法57①三	速やかに
個人事業者の死亡届出書	課税事業者が死亡した場合	消法57①四	速やかに
合併による法人の消滅届出書	課税事業者である法人が合併により消滅した場合	消法57①五	速やかに
消費税の新設法人に該当する旨の届出書	基準期間がない事業年度の開始の日における資本又は出資の金額が1,000万円以上である法人に該当することとなった場合	消法57②	速やかに
消費税課税事業者選択届出書	免税事業者（基準期間における課税売上高1,000万円以下の者）が課税事業者となることを選択する場合	消法9④	適用を受けようとする課税期間の開始の日の前日まで
消費税課税事業者選択不適用届出書	課税事業者の選択をやめる場合（ただし課税事業者を選択した場合2年間は継続適用しなければならない。また，調整対象固定資産を	消法9⑤⑥⑦⑧	適用をやめようとする課税期間の開始の日の前日まで

届出書名	提出することとなる要件等	根拠条文	提出時期
	取得した場合は3年間は継続適用となる。)		
消費税課税期間特例選択・変更届出書	課税期間の短縮を選択する場合又は短縮課税期間を変更する場合	消法19①三〜四の二	適用を受けようとする課税期間の開始の日の前日まで
消費税課税期間特例選択不適用届出書	課税期間短縮の選択をやめる場合（ただし課税期間の短縮を選択した場合2年間は継続適用しなければならない。）	消法19③⑤	適用をやめようとする課税期間の開始の日の前日まで
消費税異動届出書	納税地等に異動があった場合	消法25	遅滞なく
消費税簡易課税制度選択届出書	簡易課税制度の適用を受ける場合	消法37①平28改正法附則40①	適用を受けようとする課税期間の開始の日の前日まで
消費税簡易課税制度選択不適用届出書	簡易課税制度の適用をやめる場合（ただし簡易課税制度を選択した場合2年間は継続適用しなければならない。）	消法37⑤⑥⑦	適用をやめようとする課税期間の開始の日の前日まで
消費税課税売上割合に準ずる割合の不適用届出書	承認を受けた課税売上割合に準ずる割合の適用をやめようとする場合	消法30③	適用をやめようとする課税期間の末日まで

㈺　承認申請書

　　課税事業者は，次に掲げる場合には，納税地の所轄税務署長又は保税地域の所轄税関長の承認を受けなければなりません。

申請書名	承認が必要な場合	根拠条文	承認申請期間効力発生時期等
消費税課税事業者選択（不適用）届出に係る特例承認申請書	課税事業者選択届出書又は選択不適用届出書を災害等により適用を受けようとする課税期間の初日の前日までに提出できなかった場合	消令20の2③	災害等がやんだ日から2月以内（課税事業者選択（不適用）届出書と併せて提出）。
消費税簡易課税制度選択（不適用）届出に係る特例承認申請書	簡易課税制度選択届出書又は選択不適用届出書を災害等により適用を受けようとする課税期間の初日の前日までに提出できなかった場合	消令57の2③	災害等がやんだ日から2月以内（簡易課税制度選択（不適用）届出書と併せて提出）。
災害等による消費税簡易課税制度選択（不適用）届出に係る特例承認申請書	災害等の生じた課税期間等について簡易課税制度の適用を受けることが必要となった又は受ける必要がなくなった場合	消法37の2②	災害等がやんだ日から2月以内（簡易課税制度選択（不適用）届出書と併せて提出）。
消費税課税売上割合に準ずる割合の適用承認申請書	課税売上割合に代えて課税売上割合に準ずる割合を用いて仕入控除税額を計算しようとする場合	消法30③	承認を受けようとする日（承認を受けた日の属する課税期間から適用）※(注)

※(注)　適用を受けようとする課税期間の末日までに申請書を提出し，その末日の翌日以後1か月以内に承認を受けた場合には，申請書を提出した課税期間から適用（令和3年4月1日以後に終了する課税期間から適用）

㈻　その他

①　外国貨物に係る消費税の納期限の延長を受けようとするときは，「納期限延長承認申請書」により，保税地域の所轄税関長の承認を受けなければなりません。

②　輸出物品販売場を開設しようとするときは，開設しようとする日の前日までに，「輸出物品販売場許可申請書」を納税地の所轄税務

署長に提出し，その許可を受けなければなりません（消法8⑥）。

　以上のとおり，消費税の確定申告については，法人は原則として，課税期間終了の日から2か月以内，個人事業者は，消費税導入当時からの特例として翌年の3月31日までに行うこととととなっています。消費税においては，課税事業者の選択届出書やその不適用届出書及び簡易課税制度の届出書やその不適用届出書などを，やむを得ない事情がある場合を除き，その適用を受ける期限までに提出しなければなりません。このため，設備投資等があった場合などには課税関係にも大きく影響することとなるため，十分な注意や準備が必要です。

　以下，本項では，どのような場合が「やむを得ない事情」に該当するのかの判断ポイントについて解説します。

(1)　やむを得ない事情に該当するかどうかの判断ポイント

事例44　税理士の病気により簡易課税制度選択届出書を課税期間の初日の前日までに提出できなかったことは，やむを得ない事情には当たらないと判断された事例　〔平成26年7月11日裁決〕

裁決要旨

　請求人は，自らの意思と責任において，関与税理士として税務代理等を委任し，本件選択届出書等の提出など，請求人が簡易課税制度の適用を受けるための手続をするように依頼した以上，本件選択届出書が本件初日の前日までに提出されなかったことについても，受任者である税理士の行為は，委任者である請求人の責任の範囲内の行為であると解され，消費税法37条7項に規定するやむを得ない事情の存否については，基本的に当該税理士を基準に判断するべきであるというべきである。当該関与税理士は，本件選択届出書を平成24年12月末までに提出する必要があることを認識の上，請求人にその旨伝えて，平成24年12月上旬に請求人宛に送付しており，請求人が署名押印したものの返送を受けて年内に原処分庁に提出する予定であったというのであるから，当該関与税理士自ら，本件選択届出書を原処分庁に平成24年12月末までに提出できるよう手配しなければならなかったのである。当該関与税理士の病状は，平成24年12月20日頃から体調を崩し，同月25日又は26日頃から発熱し39度ほどにもなったので，医師の指示に基づき感冒薬を服用し，平成25年1月3日頃まで自宅で安静にしていたという程度のものであり，自ら行動しなくとも，他人を介して本件選択届出書を原処分庁に提出する手配ができないようなものではなく，現に，当該関与税理士の税理士事務所には他に税理士がおり，郵便物の到着の確認や開封の指示ができたものであって，天災又は自己の責任によらない火災などの人的災害が発生したり，これらの災害に準ずるような状況又は自己の責めに帰することができない状態にあることにより，届出書の提出ができない状態になったといえるような「やむを得ない事情」があったとは到底いえない。

解　説

　この事例は，請求人が，簡易課税制度選択届出書の適用届出期限である課税期間の初日の前日である12月末までに税務署へ提出するよう関与税理士へ依頼し，当該簡易課税制度選択届出書を当該税理士事務所へ郵送しましたが，当該関与税理士が発熱等の病気により自宅で安静にしていたため税理士事務所に出所できず，当該簡易課税選択届出書が12月末までに提出できなかった（なお，当該税理士事務所に到着した郵便物は，当該税理士事務所に所在する税理士及び事務員とも開封していなかったため，当該税理士にも連絡されなかった。）ことが，消費税法37条《中小事業者の仕入れに係る消費税額の控除の特例》7項（現行法8項）及び消費税法施行令57条の2《中小事業者の仕入れに係る消費税額の控除の特例の適用を受ける旨の届出等に関する特例》1項にいう「やむを得ない事情」に該当するかどうかが争われた審査請求事件です。

　国税不服審判所は，自らの意思と責任において，当該関与税理士に当該届出書の提出を委任した以上，当該関与税理士の行為は，委任者である請求人の責任の範囲内の行為であると解され，当該関与税理士は，他人を介して当該届出書の提出の手配を行うなどの措置が取れなくはなかったのであるから，自己の責めに帰すことができない状態にあったといえるような「やむを得ない事情」には該当しないと判断しました。

　この審査請求は，筆者が，大阪国税不服審判所の主任国税審判官として担当審判官の議決書の審理・指導を担当したものであり，請求人も主張したように，請求人自身には責めに帰すべき事情はなく，不可抗力の「やむを得ない事情」に該当するのではとの意見も審判所内でありました。この事例では，①委任関係における委任者責任としての判断と②委任を受けた者である当該関与税理士における事情が災害に準ずるような自己の責めに帰すことができない状態であったのかどうかにより判断したものです。まず，①委任関係における委任者責任としての判断におい

ては，委任者である納税者自身には，提出できなかったことについて責めに帰すべき事情はありませんが，受任者である当該関与税理士の行為は，委任者である納税者の責任の範囲内の行為であると解され，その上で，②委任を受けた者である当該関与税理士における事情は，当該関与税理士の病状等からは，自ら行動しなくとも，他人を介して当該簡易課税選択届出書を提出する手配ができないようなものではなく，災害に準ずるような自己の責めに帰すことができない状態であったとはいえないことから，同条に規定する「やむを得ない事情」には該当しないと判断したものです。

　以上のことから，申告書又は届出書の提出が期限等までに提出できなかったことについて，その提出できなかった事情が「やむを得ない事情」に該当するかどうかは，委任した場合の委任者責任を含め，災害又はそれに準ずるような自己の責めに帰すことができなかったといえる客観的な事情，つまり，どのような事前手当て又は発生時における可能な手立てを尽くしたとしても提出でき得ないといった事情であったかどうかを個別事情として判断することが判断ポイントとなります。

　ここで，関与税理士に関する同様の事例として，関与税理士のパソコン故障によって，申告期限までに純損失に係る確定申告書の提出ができなかった事情が，所得税法70条4項（平成23年改正前）に規定する「やむを得ない事情」には該当しないと判断した事例（大阪地裁平成18年5月25日判決）があります。

　また，納税者自身に関する事例として，基準期間に係る課税売上高についての知識不足により課税事業者選択届出書の提出が適用期限までに提出できなかったもの（平成22年1月7日裁決）や税務相談において誤った教示をされたことにより簡易課税制度選択不適用届出書が適用期限までに提出できなかったもの（東京地裁平成16年11月9日判決）などがあり，納税者の税法に関する不知や誤解については，特段の事情がない

限り「やむを得ない事情」には該当しないこととなります。

第10

公益法人等

　消費税は，消費行為に着目し，消費に税負担を求めるという理念に基づき，具体的には，事業者が行った物又はサービスの取引に対して課税されるものですから，その取引が課税取引，つまり国内における課税資産の譲渡，貸付け及び役務の提供に該当する限り，原則として，事業を行う事業者であれば，どのような事業者がその行為（取引）を行ったかに関わりなく，課税の対象となります。

　このため，国，地方公共団体，公共法人等及び公益法人等であっても，普通の営利企業と同様に，その行う資産の譲渡等は課税の対象となり，仕入税額控除等に関する消費税の仕組みも基本的にはそのまま適用されます。しかし，国等については，法令上各種の制約を受け，あるいは国等から財政的な援助を受けるなど，一般の営利法人とは異なる面があることから，その特殊性に鑑み，いくつかの特例規定が設けられています。具体的には，国若しくは地方公共団体，別表第三に掲げる法人（公共・公益法人等）又は人格のない社団等については，①課税（事業）単位，②資産の譲渡等の時期，③仕入税額控除，④申告期限及び⑤帳簿の記載事項についての特例規定が設けられています（消法60，消令72～78）。

　公益法人等について，法人税では，法人税法で掲げられる収益事業に係る所得だけを課税対象としていますが，消費税においては，営利性に関係なく課税資産の譲渡等を課税対象としています。また，公益法人等の収入等が，補助金，助成金，寄附金や会費，負担金など，課税資産の譲渡等の対価としての収受であるかどうか判断が困難な場合があり，特に，宗教法人における各種収受金における問題も依然多くみられます。

　そこで本項では，宗教法人における収受金の対価性に係る判断ポイントについて解説します。

(1)　宗教法人の行う事業が消費税の課税対象に該当するかどうかの判断ポイント

事例45　宗教法人が霊園の墓地等の使用者から永代使用料等として収受した金員のうち墓石及びカロートに係る部分は，消費税の課税対象になると判断された事例
〔東京地裁平成24年1月24日判決，東京高裁平成25年4月25日判決（確定）〕

東京地裁判決要旨

1　墓石及びカロートに係る収入について

　　本件永代使用契約に係る事業は，土地部分の貸付けに係る事業と墓石及びカロートの販売に係る事業からなるところ，墓石及びカロートの販売が原告の事業として対価を得て行われる資産の譲渡であり，消費税法2条1項8号にいう「資産の譲渡等」に該当することは明らかである。

2　本件有期管理料について

　　原告は，使用者から，本件永代使用料とは別に有期の管理料として本件有期管理料の支払を受けているところ，これは，本件使用規定5条からも明らかなように，霊園の維持管理に関する費用として支払を受けているものであって，使用者が本件霊園を使用する便益のための役務の提供の対価であると認められる。

3　御廟の使用料収入のうちの永代管理料及び納骨堂等の使用料収入のうちの年間管理料について

　　原告は，遺骨を永代供養するための御廟の永代管理料として10万円の支払を，遺骨を一時的に安置するための納骨堂の年間管理費として毎年1万円の支払を，それぞれの使用者から受けているところ，これらは，御廟や納骨堂の使用料そのもの（御廟につき30万円，納骨堂につき50万円）や永代供養料とは別途支払われるもので，御廟や納骨堂を維持管理するための対価と認められ，社会通念上役務の提供の対価と認められる。

解　説

　この事例は，宗教法人である納税者（原告）が，霊園の墓地等の使用者から永代使用料として収受した金員のうち，①墓石及びカロート（墓石の基礎と一体となった骨壺等を収納するための設置物）の設置，②墳墓地の管理，③御廟及び納骨堂の管理に係る収入が，消費税の課税対象である課税資産の譲渡等に該当するかどうかが争われた事件です。

　東京地裁は，①墓石及びカロートの設置に係る収入は，墓石等の譲渡に係る対価，②墳墓地の管理に係る収入は，霊園を使用する便益のための役務の提供の対価，③御廟等の管理に係る収入は，御廟等を維持管理する役務の提供の対価であるとして，消費税の課税対象である資産の譲渡等の対価に該当すると判断しました。

　消費税は，事業者が事業として行う資産の譲渡等を課税対象としていることから，事業者である宗教法人においても，資産の譲渡等を行う限りは課税の対象となります。しかしながら，宗教法人においては，宗教活動に伴う収入が主な収入であり，お布施や賽銭，献金，戒名料，玉串料及び葬儀・法要等の収入など，いわゆる喜捨金といわれる金員の受領も多いこと，法人税において，課税所得となる収益事業としての特掲事業に該当する場合も少ないこと，また，政策的配慮から収益事業から除かれる事業（墳墓地としての土地の貸付けは不動産事業から除かれている。）などもあることから，消費税の課税対象が法人税とは異なるため，消費税導入後は，宗教法人においても消費税の適正申告が行えるよう指導等が必要でした。

　このため，筆者が大阪国税局の法人課税課で消費税の運営等を担当していた時，平成5年頃だったと思われますが，神社仏閣が多い京都や奈良を管轄する大阪国税局として，宗教法人における消費税の適正申告等を目的とした調査，指導を実施するとともに，全国の寺院等における消費税の申告状況を踏まえ，仏教の寺院等で組織する全国組織との協議を

幾度も重ねたものでした。

　その際に問題となったのが，宗教活動に伴う金員の収受における対価性，つまり，収受する金員が資産の譲渡等の対価であるか，それとも，お布施などの対価性のない，いわゆる喜捨金であるかどうかの判断でした。当時，特に，宝物館の入館料（拝観料とは別途領収するものについては，所蔵物等を閲覧・観覧させる役務提供の対価となります。）や墓地の永代管理料（永代供養料とは別途領収するものは，設置された墓地及びその周辺を維持管理する役務提供の対価になります。）については喜捨金であるとの考えから，課税対象としていない寺院等も多くありました。

　なお，拝観料は入場料などと同様に施設の閲覧等として役務の提供の対価に，また，お守りなどの販売も物品の販売として資産の譲渡の対価に該当すると考えられなくもなく，拝観料やお守り等の金額も表示されているのですが，これらの金額は，本来的には，あくまでも任意に喜捨するものであり，供養料などと同様に，参拝者への便宜のための参考として示す金額であるとの宗教的観念から対価性がないものとして取り扱っているのです。

　この事件では，霊園等の墓石等を宗教法人自体が販売・設置しており，その対価が問題となった事例ですが，大規模な霊園などでは，墓石等は外部の石材業者が直接販売・設置する場合も多く，また，霊園内の清掃やバス運行などを外部業者が請け負って実施する場合も多く，これらを宗教法人自体で行う場合には，原則として，資産の譲渡又は役務の提供の対価に該当することとなります。

　以上のとおり，宗教法人の行う事業が消費税の課税対象となるかどうかの判断ポイントとしては，法人税の収益事業に係る判断とは異なる消費税独自の判断，つまり，資産の譲渡等に該当する取引かどうか，そしてその取引で収受される金員が対価性を有するものであるかどうかによ

り判断することとなります。そして，対価性があるかどうかについては，宗教活動に伴う喜捨とはいえないもの（拝観料とは別に受け取る宝物館等の拝観料，永代供養料とは別に受け取る墓地等の永代管理料など）は，資産の譲渡等の対価として消費税の課税対象となります。

　なお，宗教活動に伴う喜捨といえるものであるかどうかについては，個別に判断することとなりますが，宗教法人が行う主な事業については，以下の表が参考となります。

○　宗教法人が行う主な事業と消費税の課税，不課税等の一覧表
　（国税庁「令和3年版 宗教法人の税務」23頁）

事業の内容	課税，不課税等の別
イ　葬儀，法要等に伴う収入（戒名料，お布施，玉串料等）	不　課　税
ロ　お守り，お札，おみくじ等の販売	不　課　税
ハ　絵はがき，写真帳，暦，線香，ろうそく，供花等の販売	課　税
ニ　永代使用料を受領して行う墳墓地の貸付け	土地の貸付けに係るものは非課税
ホ　墓地，霊園の管理料	課　税
ヘ　駐車場の経営	課　税
ト　土地や建物の貸付け	土地の貸付けは非課税，建物の貸付けは課税，ただし，住宅の貸付けは非課税
チ　宿泊施設（宿坊等）の提供（1泊2食，1,500円以下）	不　課　税
リ　神前結婚，仏前結婚の挙式等の行為	
a．挙式を行う行為で本来の宗教活動の一部と認められるもの	不　課　税
b．挙式後の披露宴における飲食物の提供	課　税
c．挙式のための衣裳その他の物品の貸付け	課　税

事業の内容	課税，不課税等の別
ヌ　幼稚園の経営等	
a．幼稚園の経営	保育料・入園料・入園検定料・施設設備費等は非課税
b．制服，制帽等の販売	課　税
c．ノート，筆記用具等文房具の販売	課　税
ル　常設の美術館，博物館，資料館，宝物館等における所蔵品の観覧	課　税
ヲ　新聞，雑誌，講話・法話集，教典の出版，販売	課　税
ワ　茶道，生花，書道等の教授	課　税
カ　拝観料	不　課　税

(注) 1　不課税とはそのものの性質上消費税の課税の対象とならないものをいい，非課税とは本来的には消費税の課税の対象となるものですが社会政策的見地等から課税されないものをいいます。
　　 2　イ，ロ，チ，カについては，原則として不課税です。
　　 3　ハの「線香，ろうそく，供花」の販売のうち，参詣に当たって神前・仏前等に献げるために下賜するものの頒布は不課税です。
　　 4　上記事業のうち不課税となる事業収入は，特定収入に該当します。

〈附録〉 消費税関連の裁判例・裁決例一覧

(注)最高裁判決については，上告等棄却のものは掲載しておりません。

1 消費税の課税対象

	主な争点	要点・検索用語	判決裁判所・裁決	判決等年月日	事例No.
1	資産の譲渡等の内外判定	外国船舶乗務員に対する土産品等販売	大阪地裁	令元. 5.24	1
			大阪高裁	令元.11.29	
2	役務提供の内外判定	カーレース，スポンサー契約	東京地裁	平22.10.13	2
3	役務提供の内外判定	訪日旅行ツアーの国内旅行部分	東京地裁	平28. 2.24	3
4	役務提供の内外判定	機械移設工事	裁決	平29. 5.22	
5	役務提供の内外判定	アマゾン社に支払った手数料	裁決	平30.10.19	
6	事業者	生命保険の営業社員報酬	裁決	平17. 4.26	
7	事業者	相続人，新薬開発特許に係る対価支払契約	裁決	平30. 8.27	
8	事業の意義	駐車場用土地の貸付け	裁決	平 5. 7. 1	
9	事業の意義	建物の賃貸	富山地裁	平15. 5.21	4
			名古屋高裁	平15.11.26	
10	事業の意義	約40年に1度の立木譲渡	裁決	平15.12.17	7
11	事業の意義	税理士の専門学校講師料	鹿児島地裁	平23. 3.15	5
12	事業の意義	複数の医療機関での手術	裁決	平23. 6. 9	
13	事業付随行為	法人成り後の個人資産譲渡	裁決	平14.10. 8	
14	資産の譲渡	パチンコ景品交換業務	裁決	平10. 7. 7	
15	資産の譲渡	パチンコ景品交換業務	横浜地裁	平12. 2.16	
16	資産の譲渡	事業用資産の物納	裁決	平12.10.11	
17	資産の譲渡	ゴルフ会員権の譲渡，裁判外の和解，通謀虚偽表示	名古屋地裁	平17. 8.31	
			名古屋高裁	平28. 1.25	
18	資産の譲渡	現物出資	裁決	平20.12.15	
19	資産の譲渡	事業用資産	裁決	平23. 3. 8	
20	資産の譲渡	内航海運業，建造等納付金の免除，留保対象トン数	福岡地裁	平23. 7.15	12
			福岡高裁	平24. 3.22	
21	資産の譲渡等の対価	立退料	東京地裁	平 9. 8. 8	9
22	資産の譲渡等の対価	組合員に賦課した一般賦課金	裁決	平10.11.27	
23	資産の譲渡等の対価	損害賠償金	裁決	平11. 3.25	
24	資産の譲渡等の対価	消費税相当額を受領しなかった取引	東京地裁	平14. 4.18	
25	資産の譲渡等の対価	移転補償金，土地の収用	札幌地裁	平17.11.24	8
26	資産の譲渡等の対価	買主の地位の移転，権利の譲渡	名古屋地裁	平20.10.30	
			名古屋高裁	平21.10.22	
27	資産の譲渡等の対価	自動販売機，販売手数料	山口地裁	平31. 2.13	

	主な争点	要点・検索用語	判決裁判所・裁決	判決等年月日	事例№
28	役務の提供の対価	廃プラスチック処理料，補助金	裁決	平8.2.28	
29	役務の提供の対価	組合員への賦課金，有線テレビ放送の受信	徳島地裁	平16.6.11	
30	役務の提供の対価	現状回復費用への敷金の充当	裁決	平21.4.21	
31	役務の提供の対価	出向，給与負担金	裁決	平21.5.22	
32	役務の提供の対価	電化手数料	大阪地裁	平21.11.12	10
33	役務の提供の対価	弁護士会，受任事件負担金，照会手数料	京都地裁	平23.4.28	
			大阪高裁	平24.3.16	
34	役務の提供の対価	賃貸ビルの原状回復義務免除の代償金	静岡地裁	平25.3.15	
			東京高裁	平25.7.23	
35	役務の提供の対価	クラブのママに対する報酬，役員給与	札幌地裁	平25.6.20	
			札幌高裁	平25.12.24	
36	役務の提供の対価	弁護士会，受任事件負担金，照会手数料	東京地裁	平25.11.27	11
			東京高裁	平26.6.25	
37	役務の提供の対価	労働者派遣料，給与負担金	裁決	平26.7.13	
38	役務の提供の対価	提携ポイントのポイント交換	裁決	平28.5.27	
39	役務の提供の対価	親族に支払った外注加工費	裁決	平29.6.6	
40	役務の提供の対価	人材派遣	裁決	平30.6.14	
41	役務の提供の対価	提携ポイントのポイント交換	裁決	平30.8.21	
42	役務の提供の対価	提携ポイントのポイント交換	大阪地裁	令元.12.13	13
			大阪高裁	令3.9.29	
43	資産の貸付	賃貸人としての地位，信託受益権の売買	大阪地裁	平27.6.11	

2 非課税取引

	主な争点	要点・検索用語	判決裁判所・裁決	判決等年月日	事例№
44	土地の譲渡	砕石のための土地購入	名古屋地裁	平24.7.26	
45	土地の貸付け	駐車場	名古屋地裁	平17.3.3	
46	土地の貸付け	駐車場	裁決	平22.3.2	
47	土地の貸付け	駐車場，コインパーキング	裁決	平23.3.28	
48	土地の貸付け	駐車場，一時資材置場	裁決	平23.7.5	18
49	土地の貸付け	駐車場，アスファルト舗装のみ	裁決	平23.12.1	
50	土地の貸付け	駐車場，ブロック等で区割りの未舗装の土地	大阪地裁	平24.4.19	16
			大阪高裁	平24.10.17	
51	土地の貸付け	駐車場，コインパーキング	大阪地裁	平24.7.11	17
			大阪高裁	平24.11.29	
52	土地の貸付け	駐車場	裁決	平24.11.13	
53	土地の貸付け	駐車場	裁決	平26.12.5	
54	土地の貸付け	駐車場	大阪地裁	平28.2.25	
			大阪高裁	平28.7.28	

	主な争点	要点・検索用語	判決裁判所・裁決	判決等年月日	事例№
55	支払手段等の譲渡	クレジット手数料	東京地裁	平11. 1.29	20
			東京高裁	平11. 8.31	
56	物品切手類等	航空券，取次手数料	裁決	平20. 4. 2	
57	物品切手類等	会員制リゾートクラブ，入会時付与の宿泊ポイント	東京地裁	平26. 2.18	
58	物品切手類等	商品券の販売	裁決	平29. 8. 7	
59	国等の手数料	資格登録の講習	裁決	平22. 3. 2	
60	国等の手数料	資格取得	裁決	平25.10.10	
61	療養，医療等	鍼灸師の施術	裁決	平20. 5.13	
62	療養，医療等	転嫁できない消費税の仕組み	神戸地裁	平24.11.27	
63	療養，医療等	麻酔専門医，業務委託先の病院から受ける報酬	東京地裁	令 2. 1.30	
64	介護保険サービス	介護付有料老人ホームにおける食事の提供	裁決	平30. 2.22	
65	社会福祉事業等	無認可保育所	裁決	平14. 5.21	
66	助産	助産施設建物の譲渡	裁決	平24. 1.31	
67	学校教育	予備校，講習料	裁決	平13. 4. 9	
68	学校教育	NPO法人，フリースクール事業	裁決	平22. 6.16	
69	学校教育	キリスト教会付属のスクール	裁決	平30. 1. 9	
70	住宅の貸付け	介護付有料老人ホーム	裁決	平18. 6. 1	
71	住宅の貸付け	介護付有料老人ホーム	裁決	平22. 6.25	19
72	住宅の貸付け	転貸	裁決	平28. 9. 7	

3　輸出免税

	主な争点	要点・検索用語	判決裁判所・裁決	判決等年月日	事例№
73	輸出取引の意義(資産の譲渡)	ロシア人への中古車販売	東京地裁	平18.11. 9	
74	輸出取引の意義(資産の譲渡)	ロシア人船員への中古車販売	新潟地裁	平19.11.29	
			東京高裁	平20. 4.24	
75	輸出取引の意義(資産の譲渡)	売買契約書どおりの船積みができなかった取引	裁決	平20. 4. 1	
76	輸出取引の意義(資産の譲渡)	ロシア人船員への中古車販売	大阪地裁	平21.12. 3	
			大阪高裁	平22. 6.16	
77	輸出取引の意義(資産の譲渡)	ロシア人船員への中古車販売	東京地裁	平23. 3.10	
78	輸出取引の意義(資産の譲渡)	外国船舶乗務員に対する土産品等販売	東京地裁	平25. 7.10	
			東京高裁	平25.11.21	
79	輸出取引の意義(資産の譲渡)	実質的輸出事業者	東京地裁	平31. 2.20	
			東京高裁	令元.11. 6	
80	輸出取引の意義(役務の提供)	米国軍人の家具運送，米国運送業者への役務の提供	裁決	平10. 2.27	
81	輸出取引の意義(役務の提供)	非居住者を対象とする国内セミナー	裁決	平15. 4.24	21

	主な争点	要点・検索用語	判決裁判所・裁決	判決等年月日	事例№
82	輸出取引の意義(役務の提供)	航空貨物運送の取次ぎ	名古屋地裁	平20.10.30	
			名古屋高裁	平21.11.20	
83	輸出取引の意義(役務の提供)	航空貨物運送の取次ぎ	名古屋地裁	平23.7.21	
84	輸出取引の意義(役務の提供)	訪日旅行ツアーの国内旅行部分	裁決	平23.6.14	
85	輸出取引の意義(役務の提供)	船荷証券・荷渡指図書の発行手数料	裁決	平25.11.26	
86	輸出取引の意義(役務の提供)	訪日旅行ツアーの国内旅行部分	裁決	平25.11.27	
87	輸出取引の意義(役務の提供)	訪日旅行ツアーの国内旅行部分	裁決	平26.2.5	
88	輸出取引の意義(役務の提供)	訪日旅行ツアーの国内旅行部分	東京地裁	平27.3.26	
			東京高裁	平28.2.9	
89	輸出物品販売場	旅券番号等が記載されていない購入誓約書	裁決	平22.6.14	
90	輸出物品販売場	多額な販売	山口地裁	平25.4.10	
			広島高裁	平25.10.17	
91	輸出物品販売場	パスポート貸与の名義貸し	東京地裁	令2.6.19	
92	他法令による免税	米国運送業者とのキャリアー取引,所得税等臨特法7条	裁決	平10.6.30	
93	他法令による免税	在日米軍基地内取引先,所得税等臨特法7条	裁決	平13.2.13	
94	輸出証明書	第三者輸出代行	裁決	平7.7.3	
95	輸出証明書	税関長証明書類の保存	前橋地裁	平17.9.30	
96	輸出証明書	20万円を超える郵便物	裁決	平29.9.15	
97	輸出証明書	20万円を超える郵便物,輸出申告時点で価格未確定	裁決	平30.6.5	

4 小規模事業者免税点制度

	主な争点	要点・検索用語	判決裁判所・裁決	判決等年月日	事例№
98	納税義務者	任意組合,共同企業体	福岡地裁	平11.1.26	
99	納税義務者	任意組合,共同企業体	福岡地裁	平11.3.25	
100	納税義務者	資産の譲渡等を行った者の実質判定,運営委託契約	広島地裁	平18.6.28	
101	納税義務者	破産財団,人格のない社団等	福井地裁	平19.9.12	
			名古屋高裁	平20.6.16	
102	納税義務者	人格のない社団等	福岡地裁	平24.1.26	
103	免税事業者	基準期間が免税事業者であった場合の課税売上高,張江訴訟	東京地裁	平11.1.29	22
			東京高裁	平12.1.13	
			最高裁(第三小)	平17.2.1	
104	免税事業者	基準期間の課税売上高による判定の合理性	鳥取地裁	平12.5.16	

	主な争点	要点・検索用語	判決裁判所・裁決	判決等年月日	事例No.
105	免税事業者	基準期間のない新設法人	東京地裁	平12.12.27	
			東京高裁	平13.5.31	
106	免税事業者	免税事業者の還付申告，重加算税	京都地裁	平15.7.10	23
			大阪高裁	平16.9.29	
107	免税事業者	国内旅行の委託販売，総額主義	裁決	平16.3.29	
108	免税事業者	相続があった場合の免除の特例	裁決	平17.6.10	
109	免税事業者	課税事業者届出書の提出	東京地裁	平23.3.2	
110	免税事業者	基準期間が免税事業者であった場合の課税売上高	新潟地裁	平23.6.2	
			東京高裁	平23.11.24	
111	免税事業者	免税事業者の還付申告	東京地裁	平23.8.29	
112	免税事業者	新設法人の免除の特例，信用出資，出資の金額	裁決	平29.6.15	
113	免税事業者	新設法人の免除の特例，課税売上高と給与等支払額の選択	裁決	平29.9.7	
114	免税事業者	新設法人の免除の特例，基準期間がない場合	裁決	平30.2.23	
115	課税事業者の選択	事業を開始した日，ゴルフ場	長野地裁	平16.3.26	
			東京高裁	平16.8.31	
116	課税事業者の選択	課税事業者の選択に誤って課税事業者届出書を提出	京都地裁	平16.10.13	
			大阪高裁	平17.5.20	
117	課税事業者の選択	事業を開始した日，医院	裁決	平24.6.21	
118	課税事業者の選択	事業開始前に提出した課税事業者選択届出書	裁決	平27.6.11	
119	課税事業者の選択	事業を開始した日，太陽光発電事業	裁決	平29.6.16	

5 資産の譲渡等の時期

	主な争点	要点・検索用語	判決裁判所・裁決	判決等年月日	事例No.
120	課税仕入れの時期	造成工事，建物建築工事，破産会社	水戸地裁	平8.2.28	
			東京高裁	平9.6.30	
121	課税仕入れの時期	契約締結日と引渡しの日	津地裁	平8.10.17	
			名古屋高裁	平9.4.9	
			最高裁(第二小)	平9.10.17	
122	課税仕入れの時期	割賦販売，破産会社	大阪地裁	平10.11.24	
123	課税仕入れの時期	当事者が定めた引渡しの日，営業許可	裁決	平19.2.8	
124	課税仕入れの時期	不動産の占有移転，使用収益開始	神戸地裁	平24.3.29	
125	課税仕入れの時期	建築請負における引渡しの日	裁決	平24.7.24	
126	課税仕入れの時期	契約日基準，消費税法基本通達9-1-13ただし書	裁決	平29.8.21	
127	課税仕入れの時期	契約日基準，消費税法基本通達9-1-13ただし書	裁決	平29.8.21	
128	課税仕入れの時期	工事進行基準，前払金	裁決	平29.12.6	

	主な争点	要点・検索用語	判決裁判所・裁決	判決等年月日	事例No.
129	課税仕入れの時期	設置を要する機械装置	東京地裁	平30. 3. 6	
			東京高裁	平30. 9. 5	
130	課税仕入れの時期	契約日基準，消費税法基本通達9-1-13ただし書	東京地裁	平31. 3. 14	
			東京高裁	令元. 12. 4	
131	課税仕入れの時期	契約日基準，消費税法基本通達9-1-13ただし書	東京地裁	平31. 3. 15	24
			東京高裁	令元. 9. 26	
132	課税仕入れの時期	契約日基準，消費税法基本通達9-1-13ただし書	東京地裁	平31. 3. 15	
			東京高裁	令元. 9. 26	
133	課税仕入れの時期	変圧器の取得，旧変圧器の搬出	裁決	令元. 6. 10	
134	課税仕入れの時期	契約日基準，消費税法基本通達9-1-13ただし書	大阪地裁	令2. 3. 11	
			大阪高裁	令2. 11. 26	
135	課税仕入れの時期	契約日基準，消費税法基本通達9-1-13ただし書	大阪地裁	令2. 6. 11	
			大阪高裁	令2. 11. 27	
136	課税仕入れの時期	契約日基準，消費税法基本通達9-1-13ただし書	神戸地裁	令2. 6. 16	
			大阪高裁	令3. 4. 28	
137	課税仕入れの時期	契約日基準，消費税法基本通達9-1-13ただし書	神戸地裁	令2. 9. 29	

6 課税標準

	主な争点	要点・検索用語	判決裁判所・裁決	判決等年月日	事例No.
138	対価の額	有償の材料支給，簡易課税制度	裁決	平7. 6. 20	
139	対価の額	材料支給	熊本地裁	平9. 9. 10	
140	対価の額	有償の材料支給，簡易課税制度	静岡地裁	平9. 10. 24	25
			東京高裁	平10. 4. 21	
141	対価の額	軽油引取税	徳島地裁	平10. 3. 20	
			高松高裁	平11. 4. 26	
142	対価の額	製造販売契約，材料支給	大分地裁	平10. 12. 22	
			福岡高裁	平12. 9. 29	
143	対価の額	積上計算方式，スーパーマーケット	東京地裁	平11. 1. 28	
			東京高裁	平12. 3. 30	
144	対価の額	製造販売契約，材料支給	福岡地裁	平10. 12. 22	
			福岡高裁	平12. 9. 29	
145	対価の額	推計課税，簡易課税制度の事業区分	大阪地裁	平14. 3. 1	
146	対価の額	パチンコ店の貸玉料，簡易課税制度の事業区分	新潟地裁	平15. 2. 7	
			東京高裁	平15. 12. 18	
147	対価の額	入湯税	東京地裁	平18. 10. 27	
148	対価の額	積上計算方式，魚介類販売業	東京地裁	平18. 12. 8	
149	対価の額	ワクチン製造，国からの補助金	熊本地裁	平21. 2. 19	26
150	対価の額	通常の取引価額を超える部分（寄付金）の請負代金	裁決	平22. 9. 21	

	主な争点	要点・検索用語	判決裁判所・裁決	判決等年月日	事例№
151	対価の額	未清算の日割賃料	東京地裁	平24.12.13	
152	対価の額	指定管理者制度，地方自治法232条の２の補助金	裁決	平30. 3. 5	
153	対価の額	材料支給，加工後製品額と支給原材料額の相殺	裁決	平30. 9.13	

7 仕入税額控除

	主な争点	要点・検索用語	判決裁判所・裁決	判決等年月日	事例№
154	課税仕入れの範囲	迷惑料，漁業協同組合への漁場迷惑料	裁決	平 6.11. 2	
155	課税仕入れの範囲	給与等，出向契約に基づく業務分担金	裁決	平11.11. 4	
156	課税仕入れの範囲	給与等，マッサージ師	裁決	平12. 2.29	29
157	課税仕入れの範囲	短期前払費用	松江地裁	平13.10.24	
			広島高裁	平15. 5.30	
158	課税仕入れの範囲	負担金，市等への横断地下道路設置工事負担金	裁決	平15. 6.13	15
159	課税仕入れの範囲	給与等，電気配線工事	東京地裁	平19.11.16	28
			東京高裁	平20. 4.23	
160	課税仕入れの範囲	給与等，配管工事	岡山地裁	平21. 4.14	
161	課税仕入れの範囲	管理組合への管理費，駐車場委託契約	裁決	平22. 6.24	
162	課税仕入れの範囲	滞納管理費，競売による買受	裁決	平23. 3.22	
163	課税仕入れの範囲	弁護士会役員の懇親会費等	東京地裁	平23. 8. 9	
			東京高裁	平24. 9.19	
164	課税仕入れの範囲	軽油引取税	裁決	平23.12.13	
165	課税仕入れの範囲	管理組合への管理費	大阪地裁	平24. 9.26	14
			大阪高裁	平25. 4.11	
166	課税仕入れの範囲	滞納管理費，競売による買受	名古屋地裁	平24.10.25	
			名古屋高裁	平25. 3.28	
167	課税仕入れの範囲	管理組合への管理費	裁決	平24.11.29	
168	課税仕入れの範囲	給与等，派遣講師・家庭教師への報酬	東京地裁	平25. 4.26	6
			東京高裁	平25.10.23	
169	課税仕入れの範囲	支払手数料，関係会計法人への委託手数料	裁決	平25.12.13	
170	課税仕入れの範囲	給与等，紹介による販売員（マネキン）への支給	裁決	平26. 2.17	
171	課税仕入れの範囲	加盟店への使用済み買物券の引取代金	裁決	平26. 7. 2	
172	課税仕入れの範囲	給与等，貨物車の運転手	裁決	平28.11. 1	
173	課税仕入れの範囲	給与等，ホテル調理場の運営委託	裁決	平29. 2. 9	30
174	課税仕入れの範囲	管理組合への管理費，転貸	那覇地裁	平31. 1.18	
			福岡高裁	令 2. 2.25	

	主な争点	要点・検索用語	判決裁判所・裁決	判決等年月日	事例No.
175	課税仕入れの範囲	給与等，貨物車の運転手	札幌地裁	令元. 11. 29	
176	課税仕入れの範囲	輸出代行業者	東京地裁	令 2 . 1 . 17	
177	課税仕入れの範囲	給与等，塗装作業員，従業員から外注先に変更	東京地裁	令 3 . 2 . 26	27
178	課税仕入れの対価の額	土地・建物の一括取得	裁決	平20. 5 . 8	
179	課税仕入れの対価の額	架空の外注委託	名古屋地裁	平21. 11. 5	
180	課税仕入れの対価の額	土地・建物の一括取得	前橋地裁	平28. 9 . 14	
			東京高裁	平29. 5 . 11	
181	課税仕入れの対価の額	自動車通勤の通勤手当	裁決	平30. 7 . 9	
182	課税仕入れの対価の額	土地・建物の一括取得，一般競争入札	大阪地裁	平30. 10. 25	
183	課税仕入れの対価の額	土地・建物の一括取得	裁決	平31. 3 . 26	
184	課税仕入れの対価の額	土地・建物の一括取得	裁決	令 2 . 2 . 17	
185	課税仕入れの対価の額	土地・建物の一括取得	大阪地裁	令 2 . 3 . 12	31
			大阪高裁	令 3 . 1 . 14	
186	課税仕入れの対価の額	売買契約の通謀虚偽表示	裁決	令 2 . 5 . 19	
187	課税貨物の引取り	輸入申告名義人	東京地裁	平20. 2 . 20	
188	課税貨物の引取り	輸入貨物，税関告知書の記載価格誤り	裁決	令 2 . 5 . 7	
189	仕入控除税額の計算	課税売上割合に準ずる割合，不動産貸付業	裁決	平 7 . 2 . 16	
190	仕入控除税額の計算	調整対象固定資産に係る調整の時期	福岡地裁	平 7 . 9 . 27	37
			福岡高裁	平 8 . 7 . 17	
			最高裁(第一小)	平11. 6 . 24	
191	仕入控除税額の計算	更正の請求，一括比例配分方式から個別対応方式への変更	福岡地裁	平 9 . 5 . 27	
192	仕入控除税額の計算	個別対応方式の用途区分，建設費の使用面積割合	裁決	平13. 12. 21	33
193	仕入控除税額の計算	個別対応方式の用途区分，住宅賃貸マンションの補修費用	神戸地裁	平14. 7 . 1	35
			大阪高裁	平14. 12. 20	
194	仕入控除税額の計算	個別対応方式の用途区分，信託不動産の賃貸収入	裁決	平17. 11. 10	
195	仕入控除税額の計算	個別対応方式の用途区分，調剤薬局	裁決	平18. 2 . 28	32
196	仕入控除税額の計算	個別対応方式の用途区分，付随費用	裁決	平19. 2 . 14	
197	仕入控除税額の計算	更正の請求，個別対応方式から一括比例配分方式への変更	裁決	平22. 5 . 17	

	主な争点	要点・検索用語	判決裁判所・裁決	判決等年月日	事例№
198	仕入控除税額の計算	個別対応方式の用途区分，転売目的の住宅賃貸マンション	裁決	平22.11.8	
199	仕入控除税額の計算	個別対応方式の用途区分，介護施設，判断時期	裁決	平22.12.8	**34**
200	仕入控除税額の計算	個別対応方式の用途区分，適用誤りによる更正の請求	裁決	平23.3.1	
201	仕入控除税額の計算	個別対応方式の用途区分，法人設立費用	東京地裁	平24.9.7	
202	仕入控除税額の計算	個別対応方式の用途区分，賃貸用マンション	さいたま地裁	平25.6.26	
203	仕入控除税額の計算	課税売上割合，在日米軍基地内における資産の譲渡等	裁決	平26.5.8	
204	仕入控除税額の計算	個別対応方式の用途区分，用途区分の判断時期	名古屋地裁	平26.10.23	
205	仕入控除税額の計算	個別対応方式の用途区分，有料老人ホーム	裁決	平26.12.10	
206	仕入控除税額の計算	個別対応方式の用途区分，信託受益権の取得手数料	裁決	平30.4.25	
207	仕入控除税額の計算	用途区分をしていない場合，サービス付賃貸住宅	裁決	平30.6.14	
208	仕入控除税額の計算	個別対応方式の用途区分，調剤薬局	裁決	令元.7.17	
209	仕入控除税額の計算	個別対応方式の用途区分，転売目的の住宅賃貸マンション	東京地裁	令元.10.11・16	**36**
			東京高裁	令3.4.21	
210	仕入控除税額の計算	個別対応方式の用途区分，転売目的の住宅賃貸マンション	東京地裁	令2.9.3	
			東京高裁	令3.7.29	
211	貸倒れに係る消費税額の控除	連帯保証債務	大阪地裁	平8.8.28	
212	貸倒れに係る消費税額の控除	公設市場の卸売業者，債権の貸倒れ	大阪地裁	平25.6.18	
213	貸倒れに係る消費税額の控除	貸倒れの事実の立証責任	裁決	平30.3.6	
214	帳簿等保存規定	仮名記載の帳簿等，アーム薬品事件	東京地裁	平9.8.28	
			東京高裁	平10.9.30	
215	帳簿等保存規定	仮名仕入れ，医薬品の現金卸売業	東京地裁	平10.3.27	
216	帳簿等保存規定	帳簿等不提示，電気配線工事業，推計課税	大阪地裁	平10.8.10	
217	帳簿等保存規定	帳簿等不提示，コーヒー豆喫茶材料加工販売業，オリジナルコーヒー事件	津地裁	平10.9.10	
			名古屋高裁	平12.3.24	
218	帳簿等保存規定	帳簿等の記載事項，判取帳	高松地裁	平10.9.28	
219	帳簿等保存規定	帳簿等不提示，再発行の請求書等保存	東京地裁	平10.9.30	
220	帳簿等保存規定	仮装売買，絵画売買	広島地裁	平11.2.18	

	主な争点	要点・検索用語	判決裁判所・裁決	判決等年月日	事例№
221	帳簿等保存規定	帳簿等不提示，建設業，第三者立会	東京地裁	平11. 3. 30	
222	帳簿等保存規定	帳簿等不提示，建築設計施工業，第三者立会	横浜地裁	平11. 6. 9	
223	帳簿等保存規定	帳簿等不提示，食料品小売業等	仙台地裁	平11. 9. 30	
			仙台高裁	平12. 9. 28	
224	帳簿等保存規定	帳簿等不提示，大工工事業	前橋地裁	平12. 5. 31	38
			東京高裁	平13. 1. 30	
			最高裁(第一小)	平16. 12. 16	
225	帳簿等保存規定	帳簿等不提示，米穀販売業，推計課税	大津地裁	平12. 10. 30	
226	帳簿等保存規定	帳簿等不提示，青果物販売業，異議調査時の提示	徳島地裁	平13. 1. 26	
227	帳簿等保存規定	帳簿等不提示，事務用品販売業，第三者立会	福岡地裁	平13. 3. 27	
			福岡高裁	平14. 5. 10	
228	帳簿等保存規定	帳簿等不提示，悉皆業	京都地裁	平13. 3. 30	
			大阪高裁	平15. 5. 8	
229	帳簿等保存規定	帳簿等不提示，飲食業(ラウンジ)，異議調査時の提示	京都地裁	平13. 3. 30	
			大阪高裁	平15. 1. 23	
230	帳簿等保存規定	仮装売買，美術陶芸品売買	岡山地裁	平14. 2. 19	
231	帳簿等保存規定	帳簿等不提示，関与税理士	静岡地裁	平14. 12. 12	
			東京高裁	平15. 10. 23	
			最高裁(第二小)	平16. 12. 20	
232	帳簿等保存規定	調査中に取寄せた資料	裁決	平15. 6. 26	
233	帳簿等保存規定	帳簿等不提示，建設業，第三者立会	神戸地裁	平15. 7. 18	
234	帳簿等保存規定	帳簿等不提示，本坊事件	熊本地裁	平15. 11. 28	
			福岡高裁	平16. 6. 15	
			最高裁(第一小)	平17. 3. 10	
235	帳簿等保存規定	帳簿等の記載事項，魚介類の浜買い	裁決	平16. 9. 9	
236	帳簿等保存規定	帳簿等不提示，書店業	広島地裁	平17. 10. 27	
237	帳簿等保存規定	民法上の組合（JV），立替金明細書等	裁決	平18. 2. 15	
238	帳簿等保存規定	帳簿等不提示，ロシア人向け中古自動車販売業，推計課税	富山地裁	平18. 4. 12	
			名古屋高裁	平20. 3. 26	
239	帳簿等保存規定	帳簿等不提示，第三者立会	千葉地裁	平19. 3. 20	
			東京高裁	平19. 10. 31	
240	帳簿等保存規定	帳簿等不提示，美容業	大阪地裁	平21. 1. 22	
			大阪高裁	平21. 11. 24	
241	帳簿等保存規定	帳簿等不提示，配偶者による帳簿等の破棄，推計課税	長野地裁	平21. 2. 6	

8 簡易課税制度

	主な争点	要点・検索用語	判決裁判所・裁決	判決等年月日	事例№
242	帳簿等保存規定	帳簿等の記載事項，出面帳	裁決	平23. 3.30	
243	帳簿等保存規定	帳簿等不提示	東京地裁	平25. 4.18	
			東京高裁	平25.10.17	
244	帳簿等保存規定	帳簿等不提示	東京地裁	平25.11.12	
			東京高裁	平26. 3.27	
245	帳簿等保存規定	帳簿等該当性，新聞販売業	神戸地裁	平26. 7.29	
246	帳簿等保存規定	帳簿等不提示，産業廃棄物処理業	東京地裁	平27. 5.14	
247	帳簿等保存規定	帳簿等不提示，飲食店業，修正申告の勧奨	大阪地裁	平30. 4.12	
			大阪高裁	平30. 9.14	
248	帳簿等保存規定	帳簿等不提示，遊技所業	東京地裁	令元.11.21	
			東京高裁	令2. 8.26	
249	事業区分	印刷業，第三種事業（製造業等）	裁決	平8. 4.26	
250	事業区分	プレタポルテ製造業，第四種事業（その他の事業）	裁決	平9. 5.30	
251	事業区分	主要材料支給による建設工事，第四種事業（その他の事業）	大阪地裁	平12. 3.29	42
252	事業区分	課税売上高が区分されていない場合	大阪地裁	平12. 9.28	
253	事業区分	CD販売業等，課税売上高が区分されていない場合	大阪地裁	平14. 3. 1	
254	事業区分	自動車板金塗装等，第五種事業（サービス業）	熊本地裁	平14. 7.19	41
255	事業区分	クレーン車による総合工事等，第四種事業（その他の事業）	前橋地裁	平15. 2. 7	
			東京高裁	平15. 6.26	
256	事業区分	建売住宅販売業，第三種事業（製造業等）	さいたま地裁	平15. 3. 5	40
			東京高裁	平15. 9.16	
257	事業区分	労働者派遣と業務請負業，第五種事業（サービス業）	大阪地裁	平16. 2.19	
258	事業区分	労働者派遣と業務請負業，第五種事業（サービス業）	大阪地裁	平16. 3. 3	43
259	事業区分	労働者派遣と業務請負業，第五種事業（サービス業）	大阪地裁	平16. 3. 3	
260	事業区分	歯科技工所，第五種事業（サービス業）	名古屋地裁	平17. 6.29	39
			名古屋高裁	平18. 2. 9	
261	事業区分	ボーリング業務の下請け，第五種事業（サービス業）	裁決	平26. 9.19	
262	事業区分	下水道及びポンプ場の据付工事，第四種事業（その他の事業）	福岡地裁	平26.11. 4	
263	事業区分	印刷業，第四種事業（その他の事業）	裁決	平28. 5.18	
264	事業区分	歯科技工所，第五種事業（サービス業）	裁決	平31. 4.15	

	主な争点	要点・検索用語	判決裁判所・裁決	判決等年月日	事例No.
265	事業区分	委託契約による飲食店の運営，第五種事業（サービス業）	裁決	令2.3.4	
266	届出の効力等	簡易課税制度選択届出書，納税義務者でなくなった旨の届出書	裁決	平11.7.5	
267	届出の効力等	簡易課税制度選択不適用届出書，やむを得ない事情，誤認・不知	千葉地裁	平13.11.30	
268	届出の効力等	簡易課税制度選択届出書，事業区分の空欄	名古屋地裁	平15.5.28	
			名古屋高裁	平15.8.19	
269	届出の効力等	簡易課税制度選択届出書，課税事業者選択	裁決	平15.12.12	
270	届出の効力等	簡易課税制度選択不適用届出書，やむを得ない事情，申告相談	東京地裁	平16.11.9	
			東京高裁	平17.4.13	
271	届出の効力等	簡易課税制度選択届出書，事業を廃止した日	裁決	平17.1.7	
272	届出の効力等	簡易課税制度選択届出書，錯誤による撤回	名古屋地裁	平17.12.22	
			名古屋高裁	平18.5.18	
273	届出の効力等	簡易課税制度選択届出書，やむを得ない事情，本則課税の適用	津地裁	平24.3.15	
			名古屋高裁	平24.8.2	
274	届出の効力等	簡易課税制度選択届出書，やむを得ない事情，税理士の病気	裁決	平26.7.11	44
275	届出の効力等	簡易課税制度選択届出書，税理士が提出	東京地裁	令元.11.1	
			東京高裁	令2.9.10	
276	届出の効力等	簡易課税制度選択届出書，やむを得ない事情，窓口職員の誤指導	裁決	令元.11.6	
277	簡易課税制度の合理性	本則課税適用の可否	東京地裁	平17.2.3	
			東京高裁	平17.5.11	
278	簡易課税制度の合理性	本則課税適用の可否	宇都宮地裁	平25.9.11	
279	簡易課税制度の合理性	本則課税適用の可否	静岡地裁	平29.3.16	
			東京高裁	平29.10.4	
280	過少申告加算税	正当な理由，誤解	水戸地裁	平8.2.28	
			東京高裁	平9.6.30	
281	その他	社会保険診療報酬に転嫁できない消費税	神戸地裁	平24.11.27	

9　申告・納付・還付及び届出等

	主な争点	要点・検索用語	判決裁判所・裁決	判決等年月日	事例No.
282	期限後申告加算税	信書便によらない納税申告書の提出	裁決	平17.1.28	
283	期限後申告加算税	正当な理由，納付後の期限後申告，関西電力事件	大阪地裁	平17.9.16	
284	無申告加算税	無申告加算税の不適用制度	東京地裁	平19.5.11	
			東京高裁	平19.11.8	

	主な争点	要点・検索用語	判決裁判所・裁決	判決等年月日	事例No.
285	無申告加算税	正当な理由，相談担当職員の誤指導	裁決	平30. 5. 29	
286	無申告加算税	正当な理由，確定申告書用紙の送付	裁決	令元. 11. 25	
287	重加算税	仮装行為	裁決	平20. 1. 11	
288	還付	還付保留事由	富山地裁	平17. 1. 12	
			名古屋高裁	平17. 10. 12	
289	還付	還付保留事由	福岡地裁	平19. 2. 26	
290	還付	課税事業者選択特例承認申請，やむを得ない事情	裁決	平22. 1. 7	
291	更正の請求	積上計算方式の計算誤り	東京地裁	平18. 12. 8	
292	納税の猶予	事業上の著しい損失	名古屋地裁	平25. 4. 26	

10 公益法人等

	主な争点	要点・検索用語	判決裁判所・裁決	判決等年月日	事例No.
293	事業の意義	宗教法人，絵画の譲渡	裁決	平19. 11. 26	
294	事業の意義	宗教法人，永代使用料	東京地裁	平24. 1. 24	45
			東京高裁	平25. 4. 25	
295	事業の意義	宗教法人，境内會館の檀家以外の利用料	裁決	平25. 1. 22	
296	事業の意義	ヨーガの教え，人格のない社団等	大阪地裁	平30. 8. 31	
297	役務の提供の対価	宗教法人，入園料	裁決	平7. 7. 7	
298	役務の提供の対価	寄附金名目で受領した情報提供等の対価	裁決	平8. 1. 22	
299	役務の提供の対価	宗教法人，合宿研修宿泊費	裁決	平16. 2. 5	
300	特定収入に係る仕入税額調整	免税期間の借入金等の返済に使途が特定された補助金	裁決	平17. 1. 26	
301	特定収入に係る仕入税額調整	宗教法人，収益事業部門と非収益事業部門との区分	裁決	平24. 2. 7	
302	特定収入に係る仕入税額調整	NPO 法人，補助金	裁決	令元. 10. 28	

【著者略歴】

杉村　博司（すぎむら　ひろし）

大阪国税局消費税課係長，法人課税課情報技術専門官・実務指導専門官，消費税課課長補佐，熊本国税局課税部国税訟務官，上京税務署副署長，大阪地方裁判所裁判所調査官，大阪国税不服審判所主任国税審判官，土庄税務署長，大阪国税局課税第一部国税訟務官室主任国税訟務官，伏見税務署長

令和2年7月退官後，大阪市にて税理士登録

大阪国税局間税協力会連合会　専務理事

大阪国税局管内消費税協議会　専務理事

本書の内容に関するご質問は，FAX・メール等，文書で編集部宛にお願いいたします。ご照会に伴い記入していただく個人情報につきましては，回答など当社からの連絡以外の目的で利用することはございません。当社の「個人情報の取扱いについて」(https://www.zeiken.co.jp/privacy/personal.php) をご参照いただき，同意された上でご照会くださいますようお願いいたします。

FAX：03-6777-3483

E-mail：books@zeiken.co.jp

なお，個別のご相談は受け付けておりません。

本書刊行後に追加・修正事項がある場合は，随時，当社のホームページにてお知らせいたします。

租税争訟からみる消費税の判断ポイント

令和4年7月5日　初版第一刷印刷	（著者承認検印省略）
令和4年7月15日　初版第一刷発行	

Ⓒ　著　者　　杉　村　博　司

発行所　　税　務　研　究　会　出　版　局

週刊「税務通信」「経営財務」発行所

代表者　　山　根　　　毅

郵便番号100-0005

東京都千代田区丸の内1-8-2(鉄鋼ビルディング)

https://www.zeiken.co.jp

乱丁・落丁の場合は，お取替えいたします。　　印刷・製本　株式会社　朝陽会

ISBN 978-4-7931-2676-5